Happy Housekeeping Book

건강하고 행복한 우리집 가계를 위한
# 한살림 가계부

## 연간 월별 수지 일람표

| 구분 | | 월 예산 | 수정 예산 | 1월 | 2월 | 3월 | 4월 | 5월 | 6월 |
|---|---|---|---|---|---|---|---|---|---|
| 수입 | 월급 | | | | | | | | |
| | 가족 수입 | | | | | | | | |
| | 임시 수입 | | | | | | | | |
| | 지난달 남은 돈 | | | | | | | | |
| | 예금 인출 | | | | | | | | |
| | **수입 합계** | | | | | | | | |
| 지출 | 식비 | 주식 | | | | | | | |
| | | 부식 | | | | | | | |
| | | 조미료·기타 | | | | | | | |
| | | 외식·기호품 | | | | | | | |
| | | 음료·술 | | | | | | | |
| | | **식비 계** | | | | | | | |
| | 주거·비품 | | | | | | | | |
| | 광열·수도 | | | | | | | | |
| | 의류비 | | | | | | | | |
| | 보건·위생 | | | | | | | | |
| | 육아·교육 | | | | | | | | |
| | 문화·레저 | | | | | | | | |
| | 교통·통신 | | | | | | | | |
| | 남편 교제비 | | | | | | | | |
| | 가족 용돈 | | | | | | | | |
| | 차량유지비 | | | | | | | | |
| | 저축·보험 | | | | | | | | |
| | 세금·공과금 | | | | | | | | |
| | 기타 | | | | | | | | |
| **지출 합계** | | | | | | | | | |
| **지출 누계** | | | | | | | | | |
| **현재 남은 돈** | | | | | | | | | |
| **다음달로 넘김** | | | | | | | | | |

반성 및 평가

예산과 실제의 가계를 비교할 수 있는 비목별 총계이므로 꼭 기입하여 **매월말에 예산과 비교**하도록 합니다.
특히 이 비교에서 **초과된 지출 항목은** 「붉은 글씨」로 **눈에 잘 띄도록 기록**하여, 다음 달 지출을 예산에 맞추어 조절해 나가도록 합니다.
또한 이 결산표는 다음해의 더 알차고 내용있는 예산을 설계하는 데 중요한 자료가 됩니다.

| 7월 | 8월 | 9월 | 10월 | 11월 | 12월 | 연간합계 | 월 평균 | 예산과의 차이 |
|---|---|---|---|---|---|---|---|---|
| | | | | | | | | |
| | | | | | | | | |
| | | | | | | | | |
| | | | | | | | | |

## 교육비 명세

취학할 자녀나 중·고·대학교에 진학하는 자녀가 있을 경우에는 교육비를 산출하여 다음해의 예산 및 월예산에 반영하도록 합니다.

| 이름 | | | | | | | | |
|---|---|---|---|---|---|---|---|---|
| 구분 | 등록금·육성회비 | | 학용품·서적·기타 | | 등록금·육성회비 | | 학용품·서적·기타 | |
| | 적요 | 월간 금액계 | 적요 | 월간 금액계 | 적요 | 월간 금액계 | 적요 | 월간 금액계 |
| 1월 | | | | | | | | |
| 2월 | | | | | | | | |
| 3월 | | | | | | | | |
| 4월 | | | | | | | | |
| 5월 | | | | | | | | |
| 6월 | | | | | | | | |
| 7월 | | | | | | | | |
| 8월 | | | | | | | | |
| 9월 | | | | | | | | |
| 10월 | | | | | | | | |
| 11월 | | | | | | | | |
| 12월 | | | | | | | | |
| 계 | | | | | | | | |
| 월 평균 | | | | | | | | |

## 할부금 불입현황

할부금 불입현황은 연체에 따른 이자가 가산되므로 예금고와 이율, 세액 등을 꼼꼼하게 따져보도록 하여 만기일에 피해를 보지 않도록 합시다.

| 품 명 | | | | | | | 합 계 | |
|---|---|---|---|---|---|---|---|---|
| | | | | | | | 잔고 | |
| 구입처 | | | | | | | | |
| 총 액 | | | | | | | | |
| 계약일 | | | | | | | | |
| 만기일 | | | | | | | | |
| 첫불입금 | | | | | | | | |
| 분할회수 | | | | | | | | |
| 1회 불입금 | | | | | | | | |
| 전년도 이월 | | | | | | | | |
| 1월 | | | | | | | | |
| 2월 | | | | | | | | |
| 3월 | | | | | | | | |
| 4월 | | | | | | | | |
| 5월 | | | | | | | | |
| 6월 | | | | | | | | |
| 7월 | | | | | | | | |
| 8월 | | | | | | | | |
| 9월 | | | | | | | | |
| 10월 | | | | | | | | |
| 11월 | | | | | | | | |
| 12월 | | | | | | | | |
| 월 평균 | | | | | | | | |

## 전기·수도 전화·가스사용료

전기 · 수도 · 가스 · 전화료는 예산이 초과된 경우에 다음달에 조절하기 쉬운 비목이므로 반드시 사용량을 기입하여 그 추이에 따른 흑자 가계를 꾸려나가도록 합니다.

| 내역 월별 | 전기 사용량 | 전기 요금 | 수도 사용량 | 수도 요금 | 전화 사용량 | 전화 요금 | 가스 사용량 | 가스 요금 | (　) 사용량 | (　) 요금 |
|---|---|---|---|---|---|---|---|---|---|---|
| 1월 | | | | | | | | | | |
| 2월 | | | | | | | | | | |
| 3월 | | | | | | | | | | |
| 4월 | | | | | | | | | | |
| 5월 | | | | | | | | | | |
| 6월 | | | | | | | | | | |
| 7월 | | | | | | | | | | |
| 8월 | | | | | | | | | | |
| 9월 | | | | | | | | | | |
| 10월 | | | | | | | | | | |
| 11월 | | | | | | | | | | |
| 12월 | | | | | | | | | | |
| 계 | | | | | | | | | | |

## 세금 납세 일람표

| 구분 | 1월 | 2월 | 3월 | 4월 | 5월 | 6월 | 7월 | 8월 | 9월 | 10월 | 11월 | 12월 | 계 |
|---|---|---|---|---|---|---|---|---|---|---|---|---|---|
| 재산세 | | | | | | | | | | | | | |
| 소득세 | | | | | | | | | | | | | |
| 주민세 | | | | | | | | | | | | | |
| 자동차세 | | | | | | | | | | | | | |
| 면허세 | | | | | | | | | | | | | |
| | | | | | | | | | | | | | |
| | | | | | | | | | | | | | |
| | | | | | | | | | | | | | |
| | | | | | | | | | | | | | |
| 계 | | | | | | | | | | | | | |

## 정기적금·보험·대부·계돈

저축에 관한 사항은 예금고와 이율, 세액 등을 꼼꼼하게 따져보도록 합니다. 또 만일의 경우를 대비하여 은행명과 계좌번호를 정확히 적어놓고 은행명란에는 연락 전화번호를 반드시 기입하고 유사시에 활용하도록 합니다.

| 종류 | 은행·거래처 | 기호·번호 | 예금일 | 만기일 | 명의·안감 | 비교(금액) |
|---|---|---|---|---|---|---|
|  |  |  |  |  |  |  |
|  |  |  |  |  |  |  |
|  |  |  |  |  |  |  |
|  |  |  |  |  |  |  |
|  |  |  |  |  |  |  |
|  |  |  |  |  |  |  |

## 주식·채권·투자신탁

| 종류 | 거래처 | 액면가·번호 | 이름 | 금액 | 만기·매액 | 만기·매액 | 비교(구좌) |
|---|---|---|---|---|---|---|---|
|  |  |  |  |  |  |  |  |
|  |  |  |  |  |  |  |  |
|  |  |  |  |  |  |  |  |
|  |  |  |  |  |  |  |  |

## 저축일람표(보통예금·정기예금·환매조건부 채권저축등)

| 종류 | 은행 | 명의·인감 | 이율 | 이자에 대한 세율·세액 | 예금액의 진행상황 | | | | | |
|---|---|---|---|---|---|---|---|---|---|---|
|  |  |  |  |  | 월 | 월 | 월 | 월 | 월 | 월 |
|  |  |  |  |  |  |  |  |  |  |  |
|  |  |  |  |  |  |  |  |  |  |  |
|  |  |  |  |  |  |  |  |  |  |  |
|  |  |  |  |  |  |  |  |  |  |  |
|  |  |  |  |  |  |  |  |  |  |  |
|  |  |  |  |  |  |  |  |  |  |  |
|  |  |  |  |  |  |  |  |  |  |  |

## 차량유지비 일람표

| 구분 | 일자 | 연료비 | | | 관 리 비 | | | | | 총 경비 |
|---|---|---|---|---|---|---|---|---|---|---|
| | | 주행거리 (km) | 기름량 (l) | 금액 | 세금·보험료 | 수리비 | 주차비 | 세차비 | 기타 | |
| 1월 | | | | | | | | | | |
| 월계 | | | | | | | | | | |
| 2월 | | | | | | | | | | |
| 월계 | | | | | | | | | | |
| 3월 | | | | | | | | | | |
| 월계 | | | | | | | | | | |
| 4월 | | | | | | | | | | |
| 월계 | | | | | | | | | | |
| 5월 | | | | | | | | | | |
| 월계 | | | | | | | | | | |
| 6월 | | | | | | | | | | |
| 월계 | | | | | | | | | | |

| 구분 | 일자 | 연료비 | | | 관리비 | | | | | 총경비 |
|---|---|---|---|---|---|---|---|---|---|---|
| | | 주행거리 (km) | 기름량 (l) | 금액 | 세금·보험료 | 수리비 | 주차비 | 세차비 | 기타 | |
| 7월 | | | | | | | | | | |
| 월계 | | | | | | | | | | |
| 8월 | | | | | | | | | | |
| 월계 | | | | | | | | | | |
| 9월 | | | | | | | | | | |
| 월계 | | | | | | | | | | |
| 10월 | | | | | | | | | | |
| 월계 | | | | | | | | | | |
| 11월 | | | | | | | | | | |
| 월계 | | | | | | | | | | |
| 12월 | | | | | | | | | | |
| 월계 | | | | | | | | | | |

## 신용카드 사용현황

| 월별\카드사 | 카드 | 카드 | 카드 | 카드 | 카드 | 기타 |
|---|---|---|---|---|---|---|
| 1월 | | | | | | |
| 2월 | | | | | | |
| 3월 | | | | | | |
| 4월 | | | | | | |
| 5월 | | | | | | |
| 6월 | | | | | | |
| 7월 | | | | | | |
| 8월 | | | | | | |
| 9월 | | | | | | |
| 10월 | | | | | | |
| 11월 | | | | | | |
| 12월 | | | | | | |
| 카드별 연간합계 | | | | | | |

### 카드

| 카드번호 | |
|---|---|
| 결제은행 | |
| 계좌번호 | |
| 결제일 | |
| 결제방법 | |
| 사용한도액 | |
| 사용할부액 | |
| 분실신고 | |

### 카드

| 카드번호 | |
|---|---|
| 결제은행 | |
| 계좌번호 | |
| 결제일 | |
| 결제방법 | |
| 사용한도액 | |
| 사용할부액 | |
| 분실신고 | |

### 카드

| 카드번호 | |
|---|---|
| 결제은행 | |
| 계좌번호 | |
| 결제일 | |
| 결제방법 | |
| 사용한도액 | |
| 사용할부액 | |
| 분실신고 | |

### 카드

| 카드번호 | |
|---|---|
| 결제은행 | |
| 계좌번호 | |
| 결제일 | |
| 결제방법 | |
| 사용한도액 | |
| 사용할부액 | |
| 분실신고 | |

## 선물·축의금 준 내용

| 날짜 | 누구에게 | 금액·물품 | 메모 |
|------|----------|-----------|------|
|      |          |           |      |
|      |          |           |      |
|      |          |           |      |
|      |          |           |      |
|      |          |           |      |
|      |          |           |      |
|      |          |           |      |
|      |          |           |      |
|      |          |           |      |
|      |          |           |      |

## 선물·축의금 받은 내용

| 날짜 | 누구에게 | 금액·물품 | 메모 |
|------|----------|-----------|------|
|      |          |           |      |
|      |          |           |      |
|      |          |           |      |
|      |          |           |      |
|      |          |           |      |
|      |          |           |      |
|      |          |           |      |
|      |          |           |      |
|      |          |           |      |
|      |          |           |      |
|      |          |           |      |
|      |          |           |      |

## 축하·기념일

| 날짜 | 누구에게 | 내용 | 선물 | 메모 |
|------|---------|------|------|------|
|      |         |      |      |      |
|      |         |      |      |      |
|      |         |      |      |      |
|      |         |      |      |      |
|      |         |      |      |      |
|      |         |      |      |      |

## 집안행사·모임

| 날짜 | 구분 | 내용 | 메모 |
|------|------|------|------|
|      |      |      |      |
|      |      |      |      |
|      |      |      |      |
|      |      |      |      |
|      |      |      |      |
|      |      |      |      |
|      |      |      |      |
|      |      |      |      |

## 제사

| 날짜 | 구분 | 내용 | 메모 |
|------|------|------|------|
|      |      |      |      |
|      |      |      |      |
|      |      |      |      |
|      |      |      |      |
|      |      |      |      |
|      |      |      |      |
|      |      |      |      |

## 생일

| 날짜 | 구분 | 내용 | 메모 |
|------|------|------|------|
|      |      |      |      |
|      |      |      |      |
|      |      |      |      |
|      |      |      |      |
|      |      |      |      |
|      |      |      |      |
|      |      |      |      |

# 1월 예산과 결산

## 이달의 행사

| | |
|---|---|
| 1 ( 요일) | |
| 2 ( 요일) | |
| 3 ( 요일) | |
| 4 ( 요일) | |
| 5 ( 요일) | |
| 6 ( 요일) | |
| 7 ( 요일) | |
| 8 ( 요일) | |
| 9 ( 요일) | |
| 10 ( 요일) | |
| 11 ( 요일) | |
| 12 ( 요일) | |
| 13 ( 요일) | |
| 14 ( 요일) | |
| 15 ( 요일) | |
| 16 ( 요일) | |
| 17 ( 요일) | |
| 18 ( 요일) | |
| 19 ( 요일) | |
| 20 ( 요일) | |
| 21 ( 요일) | |
| 22 ( 요일) | |
| 23 ( 요일) | |
| 24 ( 요일) | |
| 25 ( 요일) | |
| 26 ( 요일) | |
| 27 ( 요일) | |
| 28 ( 요일) | |
| 29 ( 요일) | |
| 30 ( 요일) | |
| 31 ( 요일) | |

## 이달의 예산 및 결산

| 항목 | 예산 | 결산 | 예산과의 차이 |
|---|---|---|---|
| 고정수입 | | | |
| 임시수입 | | | |
| 지난달 남은 돈 | | | |
| 예금 인출 | | | |
| 차입금 및 기타 | | | |
| **수입합계** | | | |
| 주식 | | | |
| 부식 | | | |
| 조미료·기타 | | | |
| 외식·기호품 | | | |
| **식비계** | | | |
| 주거·비품 | | | |
| 광열·수도 | | | |
| 의료비 | | | |
| 보건·위생 | | | |
| 육아·교육 | | | |
| 문화·레저 | | | |
| 교통·통신 | | | |
| 남편 교제비 | | | |
| 가족 용돈 | | | |
| 차량 유지비 | | | |
| | | | |
| | | | |
| 저축·보험 | | | |
| 세금·공과금 | | | |
| **지출합계** | | | |

| | |
|---|---|
| 총 예산 | |
| 총 지출 | |
| 다음달 넘길 돈 | |

# 1 January

## 만두국

### 🍆 재료

표고버섯 4장, 숙주나물 150g, 배추김치 1/2포기, 두부 1/4모, 달걀 1/2개, 진간장, 국간장, 다진파, 다진마늘, 설탕, 깨소금, 소금, 후춧가루, 참기름, 만두피 40장, 육수 7컵

### 🍵 만드는 법

1. 밀가루에 소금을 넣고 반죽하여 30분정도 두었다가 치대어 얇게 밀어서 직경 8cm 크기로 둥글게 찍어내 만두피를 만든다.
2. 표고는 불려서 곱게 다지고, 숙주는 삶아서 물기를 꼭 짠 다음 송송 썬다. 김치는 소를 털고 물기를 꼭 짜서 송송 썰고, 두부는 곱게 으깨어 놓는다.
3. 표고와 숙주, 김치, 두부를 합해 달걀과 파, 마늘, 소금, 깨소금, 후춧가루, 참기름을 넣고 버무려서 만두소를 만든다.
4. 만두피에 준비한 만두소를 얹고 반으로 접어 끝이 벌어지지 않게 꼭꼭 눌러 아물린 뒤 양 끝을 오무려 붙여서 모자모양으로 만두를 빚는다.
5. 육수에 다진 파와 마늘, 소금, 국간장, 후추로 간을 맞추어 팔팔 끓이다가 만두를 넣어 익힌다. 만두가 위로 떠오르면 익은 것이니 대접에 담고 고명을 얹는다.

**TIP** 만두피를 만들 때 밀가루에 참기름과 계란을 넣고 반죽하면 만두를 빚기도 좋고 끓일 때 잘 풀어지지 않는다.

| | 1 ◯ 요일 | 2 ◯ 요일 |
|---|---|---|
| 수입<br>(남은돈) | | |
| 수입합계 | | |
| 식비 | | |
| 생활비 | | |
| 적금<br>보험<br>공과금 | | |
| 지출합계 | | |
| 현재 남은 돈 | | |

**MEMO**

| 3 요일 | 4 요일 | 5 요일 | 6 요일 | 7 요일 |
| --- | --- | --- | --- | --- |
|  |  |  |  |  |
|  |  |  |  |  |
|  |  |  |  |  |
|  |  |  |  |  |
|  |  |  |  |  |

| 주 계 | |
| --- | --- |
| 누 계 | |
| 예산잔액 | |

# 1 January

## 배추

배추는 저장해도 영양가가 파괴되지 않고 싱싱함을 유지하며 섬유질이 많아 변비 예방에도 좋다. 배추의 성분은 수분이 대부분이고 단백질, 지방, 탄수화물, 칼슘, 인, 비타민 A, B1, B2, C 등이 있으며 나이아신을 함유한다. 생으로 쌈을 싸서 먹거나 겉절이도 만들고 국을 끓여 먹는다. 배추를 지나치게 많이 먹으면 냉병이 발생하는데 이때 생강을 먹으면 치료된다.

## 고사리 구별법

### 국내산 고사리
줄기가 짧고 굵기가 가늘다. 연한 갈색을 띠고 있으며 손으로 꺾어서 채취하기 때문에 단면이 매끄럽지 못하다.

### 수입산 고사리
줄기가 길고 굵다. 검은색을 띠고 있으며 잘린 단면이 매끄럽다. 줄기 윗부분이 많이 떨어지고 없으며 섬유질이 질기고 독특한 향이 약하다.

국내산과 수입품은 맛에서도 차이가 있기 때문에 잘 살펴서 구입하는 것이 좋다.

| | 8 ○요일 | 9 ○요일 |
|---|---|---|
| 수입<br>(남은돈) | | |
| 수입합계 | | |
| 식비 | | |
| 생활비 | | |
| 적금<br>보험<br>공과금 | | |
| 지출합계 | | |
| 현재 남은 돈 | | |

**MEMO**

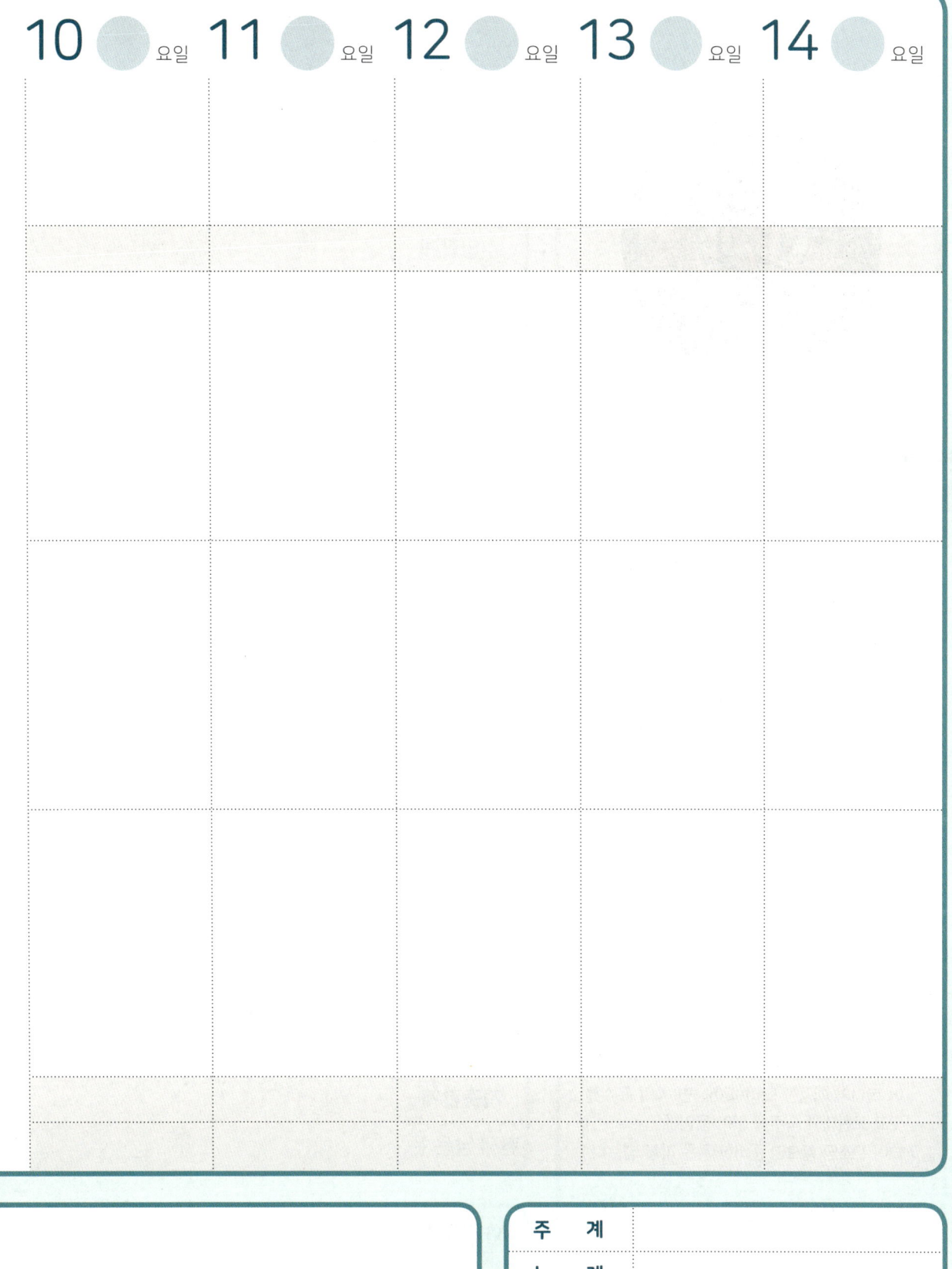

| 10 요일 | 11 요일 | 12 요일 | 13 요일 | 14 요일 |

주 계
누 계
예산잔액

# 1 January

## 육개장

### 재료
쇠고기 양지머리 400g, 생강, 마늘 조금씩, 토란대 100g, 굵은파 2대, 식용유 2큰술

### 양념장
고춧가루 2큰술, 고추장 1작은술, 다진마늘 1큰술, 참기름 1큰술, 소금, 후추가루 조금씩

### 만드는 법
1. 양지머리를 덩어리째 찬물에 담가 핏물을 뺀다.
2. 냄비에 물을 넉넉히 붓고 양지머리와 굵은 파, 생강, 마늘을 조금씩 넣고 중간불에서 은근히 끓인다. 중간에 생기는 거품은 걷어내고 양지머리가 푹 익을 때까지 끓인다.
3. 토란대는 불려서 적당한 길이로 썰어 가늘게 쭉쭉 찢고, 숙주는 깨끗이 씻어서 끓는 물에 한 번 데친다. 굵은 파는 다듬어서 적당한 길이로 큼직하게 썬다.
4. ②의 삶은 양지머리는 손으로 먹기 좋게 찢고, 육수는 체에 받쳐 맑은 국물을 만든다.
5. 양지머리에 분량의 양념장을 넣어 고루 주물러서 양념을 한다.
6. 냄비에 기름을 두르고 양념한 양지머리를 넣어 볶다가 매콤한 맛이 배어나면 ④의 육수를 붓고 토란대와 숙주를 넣어 끓인다.
7. ⑥이 한소끔 끓으면 준비한 굵은 파를 넣는다.

| | 15 요일 | 16 요일 |
|---|---|---|
| 수입<br>(남은돈) | | |
| 수입합계 | | |
| 식비 | | |
| 생활비 | | |
| 적금<br>보험<br>공과금 | | |
| 지출합계 | | |
| 현재 남은 돈 | | |

### MEMO

| 17 요일 | 18 요일 | 19 요일 | 20 요일 | 21 요일 |
|---|---|---|---|---|
|  |  |  |  |  |
|  |  |  |  |  |
|  |  |  |  |  |
|  |  |  |  |  |

| | |
|---|---|
| 주 계 | |
| 누 계 | |
| 예산잔액 | |

# 1 January

## 알뜰주부를 위한 생활 속 지혜

### 마요네즈가 묻은 그릇을 닦을 때는
마요네즈는 물과 기름이 분리되기 쉬운 상태로 있기 때문에 더운 물로 닦으면 기름이 분리되어 그릇이 기름 투성이가 되기 때문에 반드시 찬물로 씻어야 합니다.

### 설탕 변질 알아보기
설탕을 너무 오래 두거나 습한 곳에 두면 변질되기 쉽다. 변질된 설탕을 먹으면 탈이 날 수 있고 심하면 식중독을 일으킬 수 있다. 설탕의 변질을 구별하는 간단한 방법 한가지. 컵에 따뜻한 물을 떠놓고 설탕을 찻숟갈로 2~3숟갈 정도 넣은 뒤 저어본다. 잘 녹지 않고 덩어리가 지거나 물 표면 가까이에 기름이 뜨면 변질이 된 것이다. 이 경우엔 아까운 생각이 들더라도 미련없이 버려야 한다.

### 치아를 희게 하려면
사람이라면 누구나 희고 광택이 나는 이를 갖고 싶어할 것입니다. 누런 이를 희게 하려면 레몬즙을 거즈에 묻혀 닦아 주면 되는데, 이렇게 하면 레몬이 가지고 있는 비타민 C의 작용으로 잇몸도 튼튼해지므로 일석이조의 효과를 볼 수 있습니다.

| | 22 요일 | 23 요일 |
|---|---|---|
| 수입<br>(남은돈) | | |
| 수입합계 | | |
| 식비 | | |
| 생활비 | | |
| 적금<br>보험<br>공과금 | | |
| 지출합계 | | |
| 현재 남은 돈 | | |

### MEMO

| **24** | 요일 | **25** | 요일 | **26** | 요일 | **27** | 요일 | **28** | 요일 |

| 주 계 | |
|---|---|
| 누 계 | |
| 예산잔액 | |

|  | 29 요일 | 30 요일 | 31 요일 |  |
|---|---|---|---|---|
| 수입<br>(남은돈) | | | | |
| 수입합계 | | | | |
| 식비 | | | | |
| 생활비 | | | | |
| 적금<br>보험<br>공과금 | | | | |
| 지출합계 | | | | |
| 현재 남은 돈 | | | | |

**MEMO**

| 주 계 | |
|---|---|
| 누 계 | |
| 예산잔액 | |

# 2월 예산과 결산

## 이달의 행사

| 날짜 | | |
|---|---|---|
| 1 ( 요일) | | |
| 2 ( 요일) | | |
| 3 ( 요일) | | |
| 4 ( 요일) | | |
| 5 ( 요일) | | |
| 6 ( 요일) | | |
| 7 ( 요일) | | |
| 8 ( 요일) | | |
| 9 ( 요일) | | |
| 10 ( 요일) | | |
| 11 ( 요일) | | |
| 12 ( 요일) | | |
| 13 ( 요일) | | |
| 14 ( 요일) | | |
| 15 ( 요일) | | |
| 16 ( 요일) | | |
| 17 ( 요일) | | |
| 18 ( 요일) | | |
| 19 ( 요일) | | |
| 20 ( 요일) | | |
| 21 ( 요일) | | |
| 22 ( 요일) | | |
| 23 ( 요일) | | |
| 24 ( 요일) | | |
| 25 ( 요일) | | |
| 26 ( 요일) | | |
| 27 ( 요일) | | |
| 28 ( 요일) | | |
| 29 ( 요일) | | |
| 30 ( 요일) | | |
| 31 ( 요일) | | |

## 이달의 예산 및 결산

| 항 목 | 예 산 | 결 산 | 예산과의 차이 |
|---|---|---|---|
| 고정수입 | | | |
| 임시수입 | | | |
| 지난달 남은 돈 | | | |
| 예금 인출 | | | |
| 차입금 및 기타 | | | |
| **수입합계** | | | |
| 주식 | | | |
| 부식 | | | |
| 조미료·기타 | | | |
| 외식·기호품 | | | |
| **식비계** | | | |
| 주거·비품 | | | |
| 광열·수도 | | | |
| 의료비 | | | |
| 보건·위생 | | | |
| 육아·교육 | | | |
| 문화·레저 | | | |
| 교통·통신 | | | |
| 남편 교제비 | | | |
| 가족 용돈 | | | |
| 차량 유지비 | | | |
| | | | |
| | | | |
| 저축·보험 | | | |
| 세금·공과금 | | | |
| **지출합계** | | | |

| | |
|---|---|
| 총 예산 | |
| 총 지출 | |
| 다음달 넘길 돈 | |

# 2
## February

## 갈비찜

### 🍆 재료
갈비 1.2kg, 무 600g, 당근 1개, 표고버섯 8장, 밤 8개, 달걀 1개, 붉은고추 2개, 굵은 파 1뿌리, 은행 8알, 잣 1큰술, 육수 1컵

### 🫙 양념장
간장 1컵, 설탕 1/3컵, 청주 4큰술, 배 1/2개, 다진파 4큰술, 다진마늘 2큰술, 깨소금·후춧가루 조금

### 🍚 만드는 법
1 토막낸 갈비의 기름기를 떼내고 30분 정도 찬물에 담가 핏물을 충분히 뺀다.
2 냄비에 핏물을 뺀 갈비를 담고 잠길 정도로 물을 부은 다음 손질한 굵은 파를 넣고 삶는다.
3 잘 삶아진 갈비를 식힌 후 고루 칼집을 넣는다. 갈비를 삶아낸 물은 육수로 사용한다.
4 당근, 무를 밤톨만하게 잘라 둥글게 모양을 다듬고, 밤은 겉껍질과 속껍질을 깨끗이 벗겨낸다.
5 잘 달구어진 프라이팬에 기름을 두르고 은행을 넣어 살짝 볶아낸 후 거즈로 닦아 껍질을 벗긴다.
6 분량의 간장에 양념장 재료를 모두 넣고, 강판에 곱게 갈아 놓은 배를 넣어 고루 섞는다.
7 냄비에 삶은 갈비를 안치고 양념장 1/3분량만 끼얹은 후 고루 뒤적여 주고 육수 1컵을 부어 끓인다.
8 갈비가 반쯤 익고 국물이 졸아 들면 양념장 1/3을 더 넣고 손질한 밤, 무, 당근을 넣어 끓인다.
9 갈비가 완전히 익으면 잣, 은행, 남은 양념장을 넣어 뜸을 들인다.

| | 1 요일 | 2 요일 |
|---|---|---|
| 수입<br>(남은돈) | | |
| 수입합계 | | |
| 식비 | | |
| 생활비 | | |
| 적금<br>보험<br>공과금 | | |
| 지출합계 | | |
| 현재 남은 돈 | | |

### MEMO

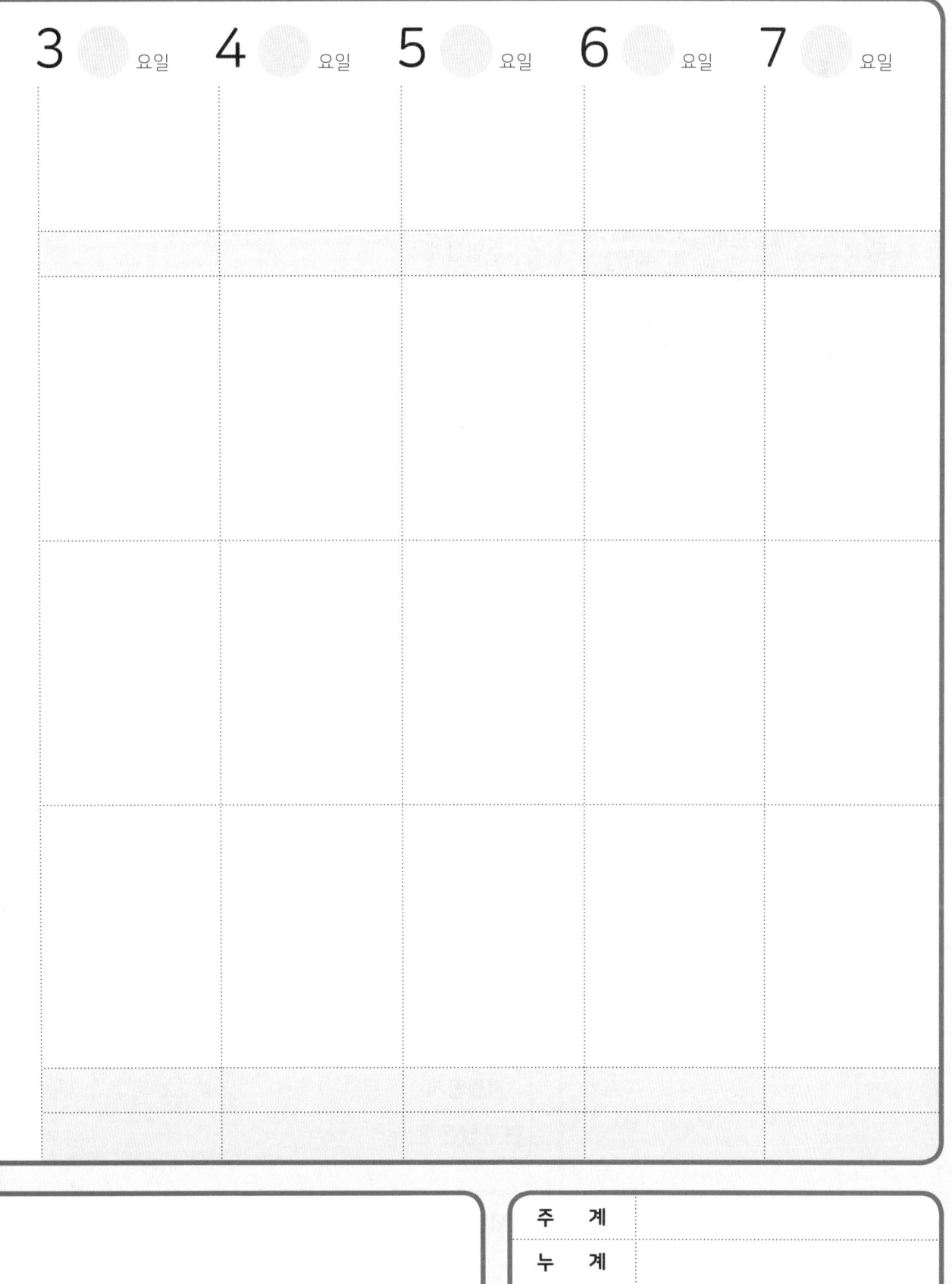

# 2
## February

## 추어탕

### 🍆 재료

미꾸라지 400g, 쇠고기 150g, 고사리 100g, 숙주 100g, 배추 100g, 풋고추 6개, 파 1뿌리, 마늘 4쪽, 생강 2쪽, 된장 2큰술, 고추장 1큰술, 간장 2작은 술, 산초가루, 후춧가루

### 🍚 만드는 법

1. 미꾸라지는 살아 있는 것을 소쿠리에 담아 소금을 뿌리고 뚜껑을 덮어 진이 빠지도록 한다.
2. 쇠고기를 잘게 썰어 양념하여 냄비에 볶다가 물 5컵을 붓고 맑은 장국을 끓인다.
3. 숙주나물과 배추는 깨끗이 씻어 건지고 고사리는 딱딱한 줄기를 떼어 다듬는다.
4. 풋고추는 잘게 썰고, 파·마늘·생강은 다진다.
5. 2컵 정도의 끓는 물에 미꾸라지를 넣어 푹 삶아지면 건져 체에 받쳐서 뼈를 걸러낸다.
6. 쇠고기 맑은 장국에 ⑤를 넣어 끓인다.
7. 고사리, 배추를 잘게 썰어 숙주와 함께 ⑥에 넣고 끓이다가, 잘게 썰어 놓은 풋고추와 다진 파·마늘·생강을 넣고 푹 끓인다.
8. 야채들이 푹 무르면 된장과 고추장을 풀어 간을 맞추고, 약한 불에서 은근히 끓이다가 산초가루와 후춧가루를 넣고 고루 저어 잠시 더 끓인다.

| | 8 요일 | 9 요일 |
|---|---|---|
| 수입<br>(남은돈) | | |
| 수입합계 | | |
| 식비 | | |
| 생활비 | | |
| 적금<br>보험<br>공과금 | | |
| 지출합계 | | |
| 현재 남은 돈 | | |

**MEMO**

| 10 요일 | 11 요일 | 12 요일 | 13 요일 | 14 요일 |
|---|---|---|---|---|
|  |  |  |  |  |

| 주 계 | |
|---|---|
| 누 계 | |
| 예산잔액 | |

# 2
## February

| 자연민간요법 | 감자

### 사마귀
적당히 썬 생감자를 매일 한 두번씩 사마귀 부위를 문질러 준다.

### 관절염
감자의 껍질을 벗겨 강판에 갈고 같은 양의 밀가루를 섞어 생강즙을 전체의 1할 가량 넣고 고루 반죽한 다음, 가제에 두껍게 싸서 환부에 붙인다.

| 자연민간요법 | 감

### 고혈압
감 잎 3~5장과 당근, 질경이 적당량에 벌꿀과 현미초를 각 한 숟갈씩과 2컵정도의 물을 넣고 주스로 만들어 아침마다 1개월 정도 계속해서 마신다.

### 불면증
곶감은 신경을 진정시키는 효력이 있기 때문에 곶감 3개를 3컵의 물을 넣고 약한 불에 20~30분 동안 달여서 복용한다.

| | 15 요일 | 16 요일 |
|---|---|---|
| 수입<br>(남은돈) | | |
| 수입합계 | | |
| 식비 | | |
| 생활비 | | |
| 적금<br>보험<br>공과금 | | |
| 지출합계 | | |
| 현재 남은 돈 | | |

**MEMO**

| 17 요일 | 18 요일 | 19 요일 | 20 요일 | 21 요일 |
|---|---|---|---|---|
| | | | | |

| 주 계 | |
|---|---|
| 누 계 | |
| 예산잔액 | |

# 2
## February

## 당근

당근은 1년에서 2년 생으로 뿌리는 크고 다육질로 적색 또는 황색이다. 당근은 자연산은 없으며 모두 재배되어 공급된다. 당근은 차게 냉장을 하면 쓴맛이 생긴다. 생으로도 많이 먹고, 여러 가지 요리에 넣어 맛과 색깔로 아름다운 모양을 만들어 주기도 한다. 당근에 함유된 당분은 무가당이며 혈당을 강하시키는 성분이 들어있어 당뇨환자에게는 필수 야채이다. 비장과 위장을 튼튼하게 만들어 주는 성분이 있으므로 소화장애가 있는 사람에게 좋다. 당근즙은 병을 앓는 환자가 복용하면 병의 회복이 빨라지고 음주 후에 마시면 숙취가 해소되고 머리가 맑아진다. 매일 한두 컵 씩 계속 복용하면 피부가 고와지고 노화를 지연시켜 준다.

## 당근을 맛있게 먹는 방법은?

당근을 레몬, 토마토, 사과등과 함께 같이 마시면 당근의 영양을 그대로 섭취할 수 있을 뿐만 아니라 맛도 더 좋다.

### 🥣 만드는 법

당근 1개에 토마토 1/2개, 레몬 2조각, 생수1 컵, 꿀1작은술을 준비한다. 당근과 토마토, 레몬을 믹서에 담고 생수와 꿀을 넣고 갈아주면 싱싱한 당근즙이 완성된다. 레몬이 없을 때는 식초를 조금 넣어주면 비타민 C의 파괴를 막을 수 있다.

| | 22 요일 | 23 요일 |
|---|---|---|
| 수입<br>(남은돈) | | |
| 수입합계 | | |
| 식비 | | |
| 생활비 | | |
| 적금<br>보험<br>공과금 | | |
| 지출합계 | | |
| 현재 남은 돈 | | |

**MEMO**

| 24 요일 | 25 요일 | 26 요일 | 27 요일 | 28 요일 |
|---|---|---|---|---|

| 주 계 | |
|---|---|
| 누 계 | |
| 예산잔액 | |

|  | 29 요일 | 30 요일 | 31 요일 |
|---|---|---|---|
| 수입<br>(남은돈) | | | |
| 수입합계 | | | |
| 식비 | | | |
| 생활비 | | | |
| 적금<br>보험<br>공과금 | | | |
| 지출합계 | | | |
| 현재 남은 돈 | | | |

**MEMO**

| 주 계 | |
|---|---|
| 누 계 | |
| 예산잔액 | |

# 3월 예산과 결산

## 이달의 행사

| | | |
|---|---|---|
| 1 | ( 요일) | |
| 2 | ( 요일) | |
| 3 | ( 요일) | |
| 4 | ( 요일) | |
| 5 | ( 요일) | |
| 6 | ( 요일) | |
| 7 | ( 요일) | |
| 8 | ( 요일) | |
| 9 | ( 요일) | |
| 10 | ( 요일) | |
| 11 | ( 요일) | |
| 12 | ( 요일) | |
| 13 | ( 요일) | |
| 14 | ( 요일) | |
| 15 | ( 요일) | |
| 16 | ( 요일) | |
| 17 | ( 요일) | |
| 18 | ( 요일) | |
| 19 | ( 요일) | |
| 20 | ( 요일) | |
| 21 | ( 요일) | |
| 22 | ( 요일) | |
| 23 | ( 요일) | |
| 24 | ( 요일) | |
| 25 | ( 요일) | |
| 26 | ( 요일) | |
| 27 | ( 요일) | |
| 28 | ( 요일) | |
| 29 | ( 요일) | |
| 30 | ( 요일) | |
| 31 | ( 요일) | |

## 이달의 예산 및 결산

| 항목 | 예산 | 결산 | 예산과의 차이 |
|---|---|---|---|
| 고정수입 | | | |
| 임시수입 | | | |
| 지난달 남은 돈 | | | |
| 예금 인출 | | | |
| 차입금 및 기타 | | | |
| **수입합계** | | | |
| 주식 | | | |
| 부식 | | | |
| 조미료·기타 | | | |
| 외식·기호품 | | | |
| **식비계** | | | |
| 주거·비품 | | | |
| 광열·수도 | | | |
| 의료비 | | | |
| 보건·위생 | | | |
| 육아·교육 | | | |
| 문화·레저 | | | |
| 교통·통신 | | | |
| 남편 교제비 | | | |
| 가족 용돈 | | | |
| 차량 유지비 | | | |
| | | | |
| 저축·보험 | | | |
| 세금·공과금 | | | |
| **지출합계** | | | |

| | |
|---|---|
| 총 예산 | |
| 총 지출 | |
| 다음달 넘길 돈 | |

# 3
## March

## 녹두전

### 🍆 재료
녹두 3컵, 멥쌀 2큰술, 돼지고기 150g, 배추김치, 숙주나물, 고사리 200g씩, 굵은파 2뿌리, 실고추, 식용유

### 🧂 고기 양념장
진간장 1큰술반, 다진파 1큰술, 다진마늘, 깨소금, 참기름 1/2큰술, 후춧가루

### 🧂 양념장
진간장 4큰술, 식초 2큰술, 물 1큰술, 고춧가루 1작은술, 깨소금 1/2큰술

### 🍚 만드는 법
1. 녹두는 물에 충분히 불린 다음 양손으로 비벼 껍질을 벗기고, 멥쌀도 충분히 불린 다음, 믹서에 불린 녹두와 멥쌀을 넣고 물 2컵을 부어 곱게 간다.
2. 돼지고기는 잘게 썰어 고기양념으로 무치고, 김치는 물기를 꼭 짜고 송송 썰어 다진 마늘과 참기름에 무친다.
3. 숙주나물은 끓는 물에 살짝 데쳐 짧게 썰고, 고사리는 삶아 억센 줄기를 끊어내고 짧게 썬다.
4. 녹두 간 것에 고기와 김치, 숙주나물, 고사리를 넣고 소금과 후추로 간해 반죽한다.
5. 달군 프라이팬에 기름을 넉넉히 두르고 반죽을 한 국자씩 둥글게 떠 놓는다. 가운데에 파와 실고추를 얹어 중간불에서 앞·뒤로 노릇노릇하게 지진다. 뜨거울 때 양념장을 곁들여 낸다.

| | 1 ⏺ 요일 | 2 ⏺ 요일 |
|---|---|---|
| 수입<br>(남은돈) | | |
| 수입합계 | | |
| 식비 | | |
| 생활비 | | |
| 적금<br>보험<br>공과금 | | |
| 지출합계 | | |
| 현재 남은 돈 | | |

## MEMO

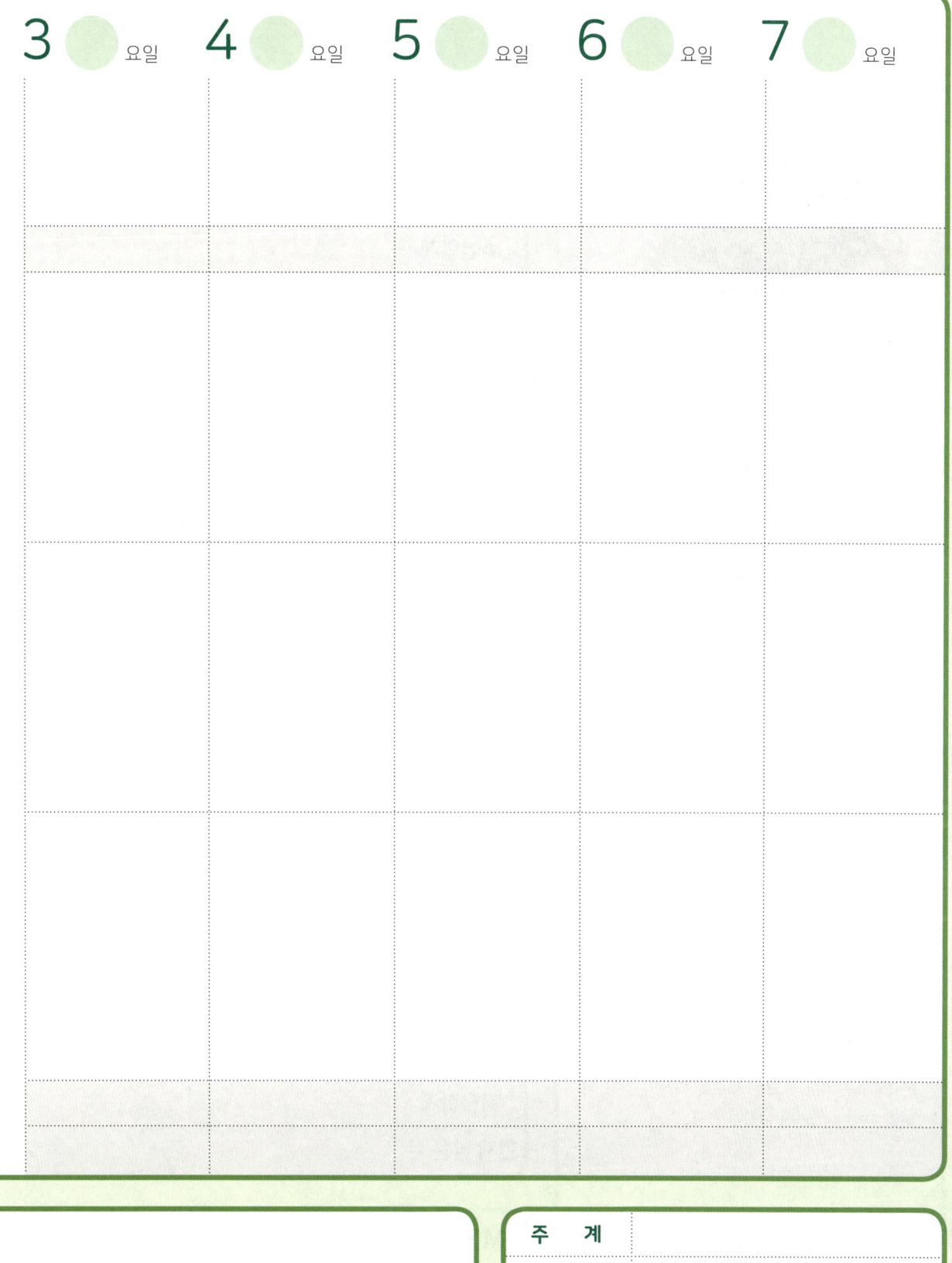

# 3
## March

## 미나리

미나리는 논이나 밭두렁 같은 곳에서 자생하는 야채로 습한 곳이면 어디서든지 잘 자란다. 미나리는 알칼리 식품으로 주로 쓴맛이 나며 약간의 단맛도 있다. 찬 기운을 가지고 있으며 단독으로 먹거나 즙을 만들어 먹으면 설사를 하게 되므로 다른 야채와 혼합하여 먹는 것이 좋다. 미나리는 간에 좋은 야채라 하여 한때는 많은 사람들이 선호했다. 매운탕이나 해물탕에는 절대 없어서는 안 되는 기호식품이다. 미나리는 열을 내려 주고, 황달에 효능이 있으며 부종을 치료하고 유행성이하선염, 류마티즘, 신경통에 효과가 있다.

## 미나리를 맛있게 먹는 방법은?

혈압 강화나 해독작용을 위해 사용되었다. 엽록소의 활동으로 혈관을 강하게 하고 성인병 예방, 간장병에 많은 도움을 준다.

### 만드는 법

미나리 100g, 쑥갓 100g, 미나리 뿌리 30g, 레몬 1/4개 준비한다. 모든 재료를 깨끗이 씻어 적당한 크기로 썰어서 즙기에 짠다.

| | 8 요일 | 9 요일 |
|---|---|---|
| 수입 (남은돈) | | |
| 수입합계 | | |
| 식비 | | |
| 생활비 | | |
| 적금 보험 공과금 | | |
| 지출합계 | | |
| 현재 남은 돈 | | |

**MEMO**

| 10 요일 | 11 요일 | 12 요일 | 13 요일 | 14 요일 |
|---|---|---|---|---|

주 계
누 계
예산잔액

# 3
## March

### 알뜰주부를 위한 생활 속 지혜

#### 옷에 묻은 화장품을 없애는 방법
향수의 얼룩은 알콜로 닦아서 날려 버립니다. 립스틱이 묻었을 때는 헝겊에 알콜을 적셔 가볍게 두드려 대강 뺀 다음 비눗물로 문질러 닦아냅니다. 파운데이션이 칼라 깃에 묻었을 경우에는 벤젠을 헝겊에 묻혀서 가볍게 두드려 대강 뺀 다음 비눗물을 칫솔에 묻혀 닦아내면 깨끗하게 제거됩니다.

#### 옷에 껌이 묻었을 때
껌이 묻은 옷의 안쪽에 얼음을 대고 있으면 껌이 딱딱해지므로 잘 떨어지게 됩니다. 이렇게 해도 떨어지지 않으면 껌이 묻은 부분을 사염화탄소액이나 신나에 담그고서 손으로 비벼주며 닦아냅니다.

#### 아기가 심한 발열과 경기를 보일 때
고사리 삶아낸 물로 목욕을 시켜도 좋고, 사과즙에 꿀을 타서 한 숟가락씩 떠 먹여도 효과가 있다. 또는 호박씨를 짓찧은 다음 젖에 섞어 먹여도 발열과 경기 증세가 가라 앉는다.

| | 15 요일 | 16 요일 |
|---|---|---|
| 수입 (남은돈) | | |
| 수입합계 | | |
| 식비 | | |
| 생활비 | | |
| 적금 보험 공과금 | | |
| 지출합계 | | |
| 현재 남은 돈 | | |

**MEMO**

| 17 요일 | 18 요일 | 19 요일 | 20 요일 | 21 요일 |
|---|---|---|---|---|
|  |  |  |  |  |
|  |  |  |  |  |
|  |  |  |  |  |
|  |  |  |  |  |
|  |  |  |  |  |

| 주 계 | |
|---|---|
| 누 계 | |
| 예산잔액 | |

# 3
## March

| 자연민간요법 | **밤**

### 신장병
말린 밤 20~30개 정도에 물을 붓고, 그 물이 반이 되도록 끓인 다음 아침, 저녁으로 반 컵씩 복용한다.

### 주름살 방지
속 껍질을 말려서 볶아 가루로 만든 다음 꿀로 개어 자기 전에 바르고 아침에 씻어낸다.

| 자연민간요법 | **살구**

### 천식
말린 살구씨 5개를 따뜻한 벌꿀물에 넣어 씹으면서 마시면 대단히 효과적이다.

### 빈혈
살구씨와 호두살을 같은 분량으로 볶아 함께 찧은 다음 꿀을 반 쯤 넣어 병에 담아 두고 큰 숟갈로 하나씩 끓여 식후에 마신다.

| | 22 요일 | 23 요일 |
|---|---|---|
| 수입<br>(남은돈) | | |
| 수입합계 | | |
| 식비 | | |
| 생활비 | | |
| 적금<br>보험<br>공과금 | | |
| 지출합계 | | |
| 현재 남은 돈 | | |

### MEMO

| 24 요일 | 25 요일 | 26 요일 | 27 요일 | 28 요일 |
|---|---|---|---|---|
|  |  |  |  |  |
|  |  |  |  |  |
|  |  |  |  |  |
|  |  |  |  |  |

주　계
누　계
예산잔액

|  | 29 ◯요일 | 30 ◯요일 | 31 ◯요일 |  |
|---|---|---|---|---|
| 수입<br>(남은돈) | | | | |
| 수입합계 | | | | |
| 식비 | | | | |
| 생활비 | | | | |
| 적금<br>보험<br>공과금 | | | | |
| 지출합계 | | | | |
| 현재 남은 돈 | | | | |

**MEMO**

| 주 계 | |
|---|---|
| 누 계 | |
| 예산잔액 | |

# 4월 예산과 결산

## 이달의 행사

| 1 ( 요일) | |
|---|---|
| 2 ( 요일) | |
| 3 ( 요일) | |
| 4 ( 요일) | |
| 5 ( 요일) | |
| 6 ( 요일) | |
| 7 ( 요일) | |
| 8 ( 요일) | |
| 9 ( 요일) | |
| 10 ( 요일) | |
| 11 ( 요일) | |
| 12 ( 요일) | |
| 13 ( 요일) | |
| 14 ( 요일) | |
| 15 ( 요일) | |
| 16 ( 요일) | |
| 17 ( 요일) | |
| 18 ( 요일) | |
| 19 ( 요일) | |
| 20 ( 요일) | |
| 21 ( 요일) | |
| 22 ( 요일) | |
| 23 ( 요일) | |
| 24 ( 요일) | |
| 25 ( 요일) | |
| 26 ( 요일) | |
| 27 ( 요일) | |
| 28 ( 요일) | |
| 29 ( 요일) | |
| 30 ( 요일) | |
| 31 ( 요일) | |

## 이달의 예산 및 결산

| 항목 | 예산 | 결산 | 예산과의 차이 |
|---|---|---|---|
| 고정수입 | | | |
| 임시수입 | | | |
| 지난달 남은 돈 | | | |
| 예금 인출 | | | |
| 차입금 및 기타 | | | |
| 수입합계 | | | |
| 주식 | | | |
| 부식 | | | |
| 조미료·기타 | | | |
| 외식·기호품 | | | |
| 식비계 | | | |
| 주거·비품 | | | |
| 광열·수도 | | | |
| 의료비 | | | |
| 보건·위생 | | | |
| 육아·교육 | | | |
| 문화·레저 | | | |
| 교통·통신 | | | |
| 남편 교제비 | | | |
| 가족 용돈 | | | |
| 차량 유지비 | | | |
| | | | |
| | | | |
| 저축·보험 | | | |
| 세금·공과금 | | | |
| 지출합계 | | | |

| 총 예산 | |
|---|---|
| 총 지출 | |
| 다음달 넘길 돈 | |

# 4 April

## 게

게는 열량이 적고 저지방, 고단백 식품이어서 혈관을 강화시키고 동맥경화를 예방하며 혈압을 안정시키기 때문에 비만환자에게 매우 좋다. 게에 타우린 성분이 간장의 해독 기능을 높여주고 아연은 성장발육과 피부, 전립선 이상을 막는다고 한다. 또한 성질이 차서 체내에 열이 뭉쳐 있는 것을 풀어주고 옻독으로 발생한 피부병에도 도움이 된다. 그러나 게는 타닌 성분이 있는 감과 함께 먹으면 소화불량이나 식중독을 일으킬 수 있다. 5월말이나 6월까지는 산란기로 독성이 있어 피한다.

## 게 손질 방법

흐르는 물에 솔로 몸통 껍질을 깨끗이 문질러 닦는다.

게는 다리가 뻣뻣하고 단단하게 붙어있는 것을 구입하는게 좋다. 무겁고 손으로 눌러 보았을 때 탄력이 있는 것이 좋다.

|  | 1 ● 요일 | 2 ● 요일 |
|---|---|---|
| 수입<br>(남은돈) |  |  |
| 수입합계 |  |  |
| 식비 |  |  |
| 생활비 |  |  |
| 적금<br>보험<br>공과금 |  |  |
| 지출합계 |  |  |
| 현재 남은 돈 |  |  |

**MEMO**

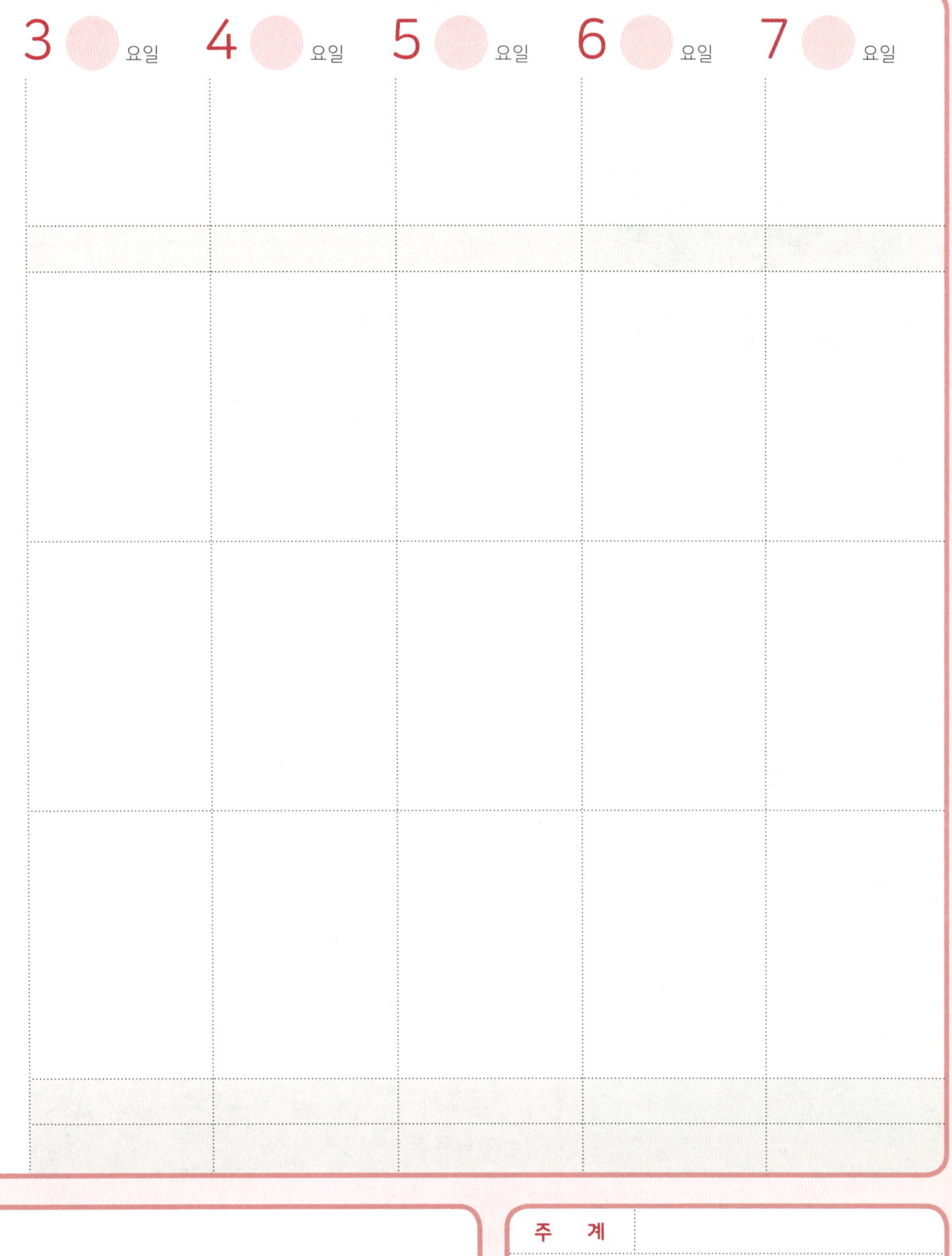

# 4
## April

## 콩나물밥

### 🍆 재료
쌀 3컵, 콩나물 300g, 쇠고기 100g, 파 1/2 뿌리, 마늘 2쪽, 소금 1작은술

### 🫙 양념장
진간장 2큰술, 실파 1뿌리, 마늘 2쪽, 깨소금 1큰술, 참기름 1큰술, 고춧가루 조금

### 🥣 만드는 법
1. 쌀은 밥 짓기 30분 전에 미리 씻어 불려 놓는다.
2. 콩나물은 뿌리를 끊어내고 깨끗이 다듬어 소금물에 살짝 삶아 건진다. 콩나물 삶은 물은 버리지 말고 밥물로 쓴다.
3. 쇠고기는 곱게 다져서 다진 파와 마늘, 진간장, 참기름으로 조물조물 무쳐서 팬에 넣고 보슬보슬하게 볶아 식힌다.
4. 냄비에 쌀을 담고 콩나물 삶은 물로 밥물을 잡아 밥을 짓기 시작한다.
5. 밥물이 끓으면 삶은 콩나물과 볶은 고기를 얹어 뜸을 들인다. 뜸이 들면 고루 섞어 그릇에 담고 양념장을 곁들여 비벼 먹게 한다.

| | 8 요일 | 9 요일 |
|---|---|---|
| 수입<br>(남은돈) | | |
| 수입합계 | | |
| 식비 | | |
| 생활비 | | |
| 적금<br>보험<br>공과금 | | |
| 지출합계 | | |
| 현재 남은 돈 | | |

**MEMO**

| 10 요일 | 11 요일 | 12 요일 | 13 요일 | 14 요일 |
|---|---|---|---|---|
| | | | | |
| | | | | |
| | | | | |
| | | | | |

주 계
누 계
예산잔액

# 4
## April

### 토마토

토마토는 혈액 순환을 돕고 혈색을 좋게 하고 피부를 윤택하게 하여 항상 젊음과 건강을 유지시켜 준다. 토마토의 신맛이 위액분비를 촉진시켜 식욕을 돋우므로 아침 공복에 마시는 것이 좋다. 토마토는 위벽에 음식이 부착하는 것을 막아 위암을 예방하고 염분의 섭취를 막아 고혈압을 예방한다.

### 표고

표고에 들어 있는 성분 중에 렌칠탄은 항암물질이 있는 것으로 밝혀져 연구가 활발하다. 뿐만 아니라 가래, 기침 및 골다공증, 성인병 예방에 좋다. 아침마다 이 표고 물을 한 컵 마시면 기분이 상쾌하고 활기찬 하루를 열 수 있다.

|  | 15 요일 | 16 요일 |
|---|---|---|
| 수입<br>(남은돈) | | |
| 수입합계 | | |
| 식비 | | |
| 생활비 | | |
| 적금<br>보험<br>공과금 | | |
| 지출합계 | | |
| 현재 남은 돈 | | |

**MEMO**

| 17 요일 | 18 요일 | 19 요일 | 20 요일 | 21 요일 |
| --- | --- | --- | --- | --- |
| | | | | |

주 계
누 계
예산잔액

# 4
## April

## 장어

스테미너 식품으로 비타민 A가 쇠고기보다 100배나 많다. 불포화지방산이 산화작용을 억제해 노화를 방지한다. 몸의 정기와 기혈이 손상되어 기운이 없고, 식은땀이 나며 허열이나는 사람에게 좋다. 오장육부를 보호해주므로 풍병이나 여성의 자궁출혈, 치질로 배변시에 출혈을 할 때도 효과가 있다. 익혀 먹는 것이 좋으며 몸이 찬 사람, 비위가 약해 설사를 자주 하는 사람은 삼간다. 임신부도 '이크티오톡신'이라는 독 때문에 먹지 않는 것이 좋고 장어를 먹고 복숭아를 먹으면 설사를 할 수 있다.

## | 자연민간요법 | 배

### 기관지천식
배즙 한 그릇에 마황 5g을 넣고 달여 마황을 건지고 남은 물을 수시로 복용한다.

### 당뇨병
배를 강판에 갈아 즙을 내어 꿀을 절반 섞어 끓여서 조청처럼 만들어 수시로 먹는다.

| | 22 요일 | 23 요일 |
|---|---|---|
| 수입 (남은돈) | | |
| 수입합계 | | |
| 식비 | | |
| 생활비 | | |
| 적금 보험 공과금 | | |
| 지출합계 | | |
| 현재 남은 돈 | | |

### MEMO

|  | 29 ●요일 | 30 ●요일 | 31 ●요일 |
|---|---|---|---|
| 수입<br>(남은돈) |  |  |  |
| 수입합계 |  |  |  |
| 식비 |  |  |  |
| 생활비 |  |  |  |
| 적금<br>보험<br>공과금 |  |  |  |
| 지출합계 |  |  |  |
| 현재 남은 돈 |  |  |  |

**MEMO**

| 주 계 |  |
|---|---|
| 누 계 |  |
| 예산잔액 |  |

# 5월 예산과 결산

## 이달의 행사

| | | |
|---|---|---|
| 1 ( | 요일) | |
| 2 ( | 요일) | |
| 3 ( | 요일) | |
| 4 ( | 요일) | |
| 5 ( | 요일) | |
| 6 ( | 요일) | |
| 7 ( | 요일) | |
| 8 ( | 요일) | |
| 9 ( | 요일) | |
| 10 ( | 요일) | |
| 11 ( | 요일) | |
| 12 ( | 요일) | |
| 13 ( | 요일) | |
| 14 ( | 요일) | |
| 15 ( | 요일) | |
| 16 ( | 요일) | |
| 17 ( | 요일) | |
| 18 ( | 요일) | |
| 19 ( | 요일) | |
| 20 ( | 요일) | |
| 21 ( | 요일) | |
| 22 ( | 요일) | |
| 23 ( | 요일) | |
| 24 ( | 요일) | |
| 25 ( | 요일) | |
| 26 ( | 요일) | |
| 27 ( | 요일) | |
| 28 ( | 요일) | |
| 29 ( | 요일) | |
| 30 ( | 요일) | |
| 31 ( | 요일) | |

## 이달의 예산 및 결산

| 항목 | 예산 | 결산 | 예산과의 차이 |
|---|---|---|---|
| 고정수입 | | | |
| 임시수입 | | | |
| 지난달 남은 돈 | | | |
| 예금 인출 | | | |
| 차입금 및 기타 | | | |
| 수입합계 | | | |
| 주식 | | | |
| 부식 | | | |
| 조미료·기타 | | | |
| 외식·기호품 | | | |
| 식비계 | | | |
| 주거·비품 | | | |
| 광열·수도 | | | |
| 의료비 | | | |
| 보건·위생 | | | |
| 육아·교육 | | | |
| 문화·레저 | | | |
| 교통·통신 | | | |
| 남편 교제비 | | | |
| 가족 용돈 | | | |
| 차량 유지비 | | | |
| | | | |
| 저축·보험 | | | |
| 세금·공과금 | | | |
| 지출합계 | | | |

| | |
|---|---|
| 총 예산 | |
| 총 지출 | |
| 다음달 넘길 돈 | |

# 5 May

## 꽃게탕

### 🍆 재료
꽃게 2마리, 새우 2마리, 미더덕, 모시조개 100g씩, 무우 50g, 굵은파 1대, 풋고추, 붉은 고추 1개씩, 느타리버섯, 쑥갓 50g씩, 물 5컵, 소금 적당

### 🍶 양념장
고추장 1/2큰술, 고춧가루 2큰술반, 다진마늘 1큰술, 생강즙 1작은술, 청주, 국간장 1큰술씩, 다진파 2큰술, 소금, 후춧가루 조금씩

### 🍚 만드는 법
1. 꽃게는 솔로 문질러 씻은 후 등딱지를 벌려 모래주머니와 아가미 등을 제거한 뒤 네 토막으로 자른다.
2. 새우는 등쪽의 내장을 제거하고, 소금물에 씻고 미더덕도 소금물에 씻는다.
3. 모시조개는 소금으로 문질러 씻은 후, 소금물에 담가 해감을 토하게 한다.
4. 무는 네모로 납작하게 썰고, 굵은 파와 풋고추, 붉은 고추는 큼직하게 어슷썬다. 느타리버섯은 깨끗이 씻어 반으로 나눈다.
5. 볼에 분량의 재료를 넣고 잘 섞어 양념장을 만든다.
6. 냄비에 물을 붓고 무를 넣은 후, 양념장을 반만 넣고 끓인다. 한소끔 끓으면 손질한 꽃게와 해물을 넣어 끓이다가 남은 양념장을 마저 넣고 끓인다. 끓이는 도중에 떠오르는 거품은 걷어낸다.
7. ⑥이 한소끔 끓으면 준비한 야채들을 넣고 소금으로 간한 뒤, 마지막에 쑥갓을 넣고 잠시만 더 끓인다.

| | 1 요일 | 2 요일 |
|---|---|---|
| 수입 (남은돈) | | |
| 수입합계 | | |
| 식비 | | |
| 생활비 | | |
| 적금 보험 공과금 | | |
| 지출합계 | | |
| 현재 남은 돈 | | |

### MEMO

| 3 요일 | 4 요일 | 5 요일 | 6 요일 | 7 요일 |
|---|---|---|---|---|
| | | | | |
| | | | | |
| | | | | |
| | | | | |

| 주 계 | |
|---|---|
| 누 계 | |
| 예산잔액 | |

# 5 May

## 도라지

도라지는 건강에 많은 도움을 준다. 요즘은 자연산 도라지가 귀해서 시장에서 판매되는 것은 모두 재배된 도라지이다. 도라지는 기관지의 분비를 촉진시키고 담을 없애 주며 구토가 치료되고 폐의 기를 열어 주어 폐 기능을 원활하게 해 준다. 감기, 기침을 치료하고 인후가 부은데도 특이한 효능이 있으며 가슴이 답답한 흉통을 치료한다. 하지만 지나치게 많이 먹으면 구토 증상이 나타나니 적당히 먹어야 한다.

## 도라지를 맛있게 먹는 방법은?

도라지 나물은 한식 식단에서 중요하게 여기는 나물이다. 도라지 무침이나 김치를 만들며, 부침개에 넣어서 먹으며 도라지 튀김을 하기도 하고 생으로 고추장에 찍어 먹거나 생즙을 만들어 먹기도 한다. 애주가들은 여러 가지 효능이 있다고 해서 술을 만들어 마시기도 한다. 도라지 술을 먹으면 가래가 없어지며 기침이 멈추고 기관지에 좋다고 한다.

| | 8 요일 | 9 요일 |
|---|---|---|
| 수입<br>(남은돈) | | |
| 수입합계 | | |
| 식비 | | |
| 생활비 | | |
| 적금<br>보험<br>공과금 | | |
| 지출합계 | | |
| 현재 남은 돈 | | |

### MEMO

| 10 요일 | 11 요일 | 12 요일 | 13 요일 | 14 요일 |
|---|---|---|---|---|

| 주 계 | |
|---|---|
| 누 계 | |
| 예산잔액 | |

# 5 May

## 미역과 참기름 & 식초의 궁합

미역과 참기름은 궁합이 잘 맞는다. 미역 요리를 할 때 참기름을 사용하면 미역에 들어 있는 요오드 및 각종 영양성분의 흡수율이 훨씬 높아진다. 또한 미역요리에 식초를 넣으면 식초가 미역에 함유된 칼슘의 체내 흡수를 촉진하여 더위와 갈증을 풀고 스트레스를 완화하는 역할을 한다. 또한 덥다고 청량음료를 지나치게 마시면 다량의 인산을 섭취하게 되어 칼슘흡수율을 더욱 떨어뜨리므로 이때 미역과 식초를 배합해 먹으면 좋다. 초무침을 할 미역은 식초를 넣은 물에 살짝 데쳐 찬물에 헹군 후 사용한다.

## 미역을 맛있게 먹는 방법은?

상큼하게 입맛을 돋아주는 미역초무침이 있다. 미역과 식초의 궁합이 좋아 미역초무침을 해 먹으면 좋다. 데친 미역을 썰고, 오이와 무, 고추를 가늘게 채 썬다. 식초와 설탕, 소금으로 양념을 만들어 재료와 골고루 섞는다.

| | 15 요일 | 16 요일 |
|---|---|---|
| 수입<br>(남은돈) | | |
| 수입합계 | | |
| 식비 | | |
| 생활비 | | |
| 적금<br>보험<br>공과금 | | |
| 지출합계 | | |
| 현재 남은 돈 | | |

**MEMO**

| 17 요일 | 18 요일 | 19 요일 | 20 요일 | 21 요일 |
|---|---|---|---|---|
| | | | | |
| | | | | |
| | | | | |
| | | | | |

| 주 계 | |
|---|---|
| 누 계 | |
| 예산잔액 | |

# 5
May

## 샐러리 · 당근쥬스

**2인분 재료**

샐러리 60g, 당근 100g, 사과 100g, 레몬 1/2개

**효능**

체력증진, 이뇨작용, 임산부에게 좋다.

## 사과 · 레몬쥬스

**2인분 재료**

귤 150g, 토마토 50g, 사과 100g, 레몬 10g

**효능**

기미, 주근깨, 정장작용, 피로회복에 좋다.

| | 22 요일 | 23 요일 |
|---|---|---|
| 수입<br>(남은돈) | | |
| 수입합계 | | |
| 식비 | | |
| 생활비 | | |
| 적금<br>보험<br>공과금 | | |
| 지출합계 | | |
| 현재 남은 돈 | | |

**MEMO**

| **24** 요일 | **25** 요일 | **26** 요일 | **27** 요일 | **28** 요일 |
|---|---|---|---|---|
| | | | | |
| | | | | |
| | | | | |
| | | | | |

| 주 계 | |
|---|---|
| 누 계 | |
| 예산잔액 | |

| | 29 요일 | 30 요일 | 31 요일 | |
|---|---|---|---|---|
| 수입<br>(남은돈) | | | | |
| 수입합계 | | | | |
| 식비 | | | | |
| 생활비 | | | | |
| 적금<br>보험<br>공과금 | | | | |
| 지출합계 | | | | |
| 현재 남은 돈 | | | | |

**MEMO**

| | |
|---|---|
| 주 계 | |
| 누 계 | |
| 예산잔액 | |

# 6월 예산과 결산

## 이달의 행사

| 일 | 요일 | |
|---|---|---|
| 1 | ( 요일) | |
| 2 | ( 요일) | |
| 3 | ( 요일) | |
| 4 | ( 요일) | |
| 5 | ( 요일) | |
| 6 | ( 요일) | |
| 7 | ( 요일) | |
| 8 | ( 요일) | |
| 9 | ( 요일) | |
| 10 | ( 요일) | |
| 11 | ( 요일) | |
| 12 | ( 요일) | |
| 13 | ( 요일) | |
| 14 | ( 요일) | |
| 15 | ( 요일) | |
| 16 | ( 요일) | |
| 17 | ( 요일) | |
| 18 | ( 요일) | |
| 19 | ( 요일) | |
| 20 | ( 요일) | |
| 21 | ( 요일) | |
| 22 | ( 요일) | |
| 23 | ( 요일) | |
| 24 | ( 요일) | |
| 25 | ( 요일) | |
| 26 | ( 요일) | |
| 27 | ( 요일) | |
| 28 | ( 요일) | |
| 29 | ( 요일) | |
| 30 | ( 요일) | |
| 31 | ( 요일) | |

## 이달의 예산 및 결산

| 항목 | 예산 | 결산 | 예산과의 차이 |
|---|---|---|---|
| 고정수입 | | | |
| 임시수입 | | | |
| 지난달 남은 돈 | | | |
| 예금 인출 | | | |
| 차입금 및 기타 | | | |
| 수입합계 | | | |
| 주식 | | | |
| 부식 | | | |
| 조미료·기타 | | | |
| 외식·기호품 | | | |
| 식비계 | | | |
| 주거·비품 | | | |
| 광열·수도 | | | |
| 의료비 | | | |
| 보건·위생 | | | |
| 육아·교육 | | | |
| 문화·레저 | | | |
| 교통·통신 | | | |
| 남편 교제비 | | | |
| 가족 용돈 | | | |
| 차량 유지비 | | | |
| | | | |
| 저축·보험 | | | |
| 세금·공과금 | | | |
| 지출합계 | | | |

| | |
|---|---|
| 총 예산 | |
| 총 지출 | |
| 다음달 넘길 돈 | |

# 6 June

## 북어찜

### 재료
북어 2마리, 물 2컵, 실파 2뿌리, 붉은고추 1개, 실고추 조금

### 양념장
진간장 4큰술, 다진파 3큰술, 다진마늘 1큰술반, 다진생강 2작은술, 설탕 2큰술, 깨소금 1큰술반, 참기름 1큰술, 후춧가루 조금

### 만드는 법
1. 북어는 머리를 떼고 방망이로 두들겨 살을 편 다음 물에 담가 불린다. 부드럽게 불려지면 몸통을 잘라서 가시를 발라내고 4cm폭으로 토막을 낸다.
2. 양념장 재료를 분량대로 합해 양념장을 만들어 놓는다.
3. 실파와 고추는 4cm 길이로 자르고, 붉은고추도 같은 길이로 채썬다.
4. 냄비에 북어를 한켜 담고 양념장을 끼얹기를 반복해 안치고 물을 자작하게 부어 중간불에서 천천히 끓인다.
5. 북어에 간이 배고 연하게 익으면 실파와 붉은 고추채, 실고추를 얹어 잠깐 더 익힌다.

| | 1 요일 | 2 요일 |
|---|---|---|
| 수입<br>(남은돈) | | |
| 수입합계 | | |
| 식비 | | |
| 생활비 | | |
| 적금<br>보험<br>공과금 | | |
| 지출합계 | | |
| 현재 남은 돈 | | |

**MEMO**

# 6
## June

## 양배추

양배추는 겨자과에 속하는 식물이다. 십이지장 궤양은 양배추즙을 마시면 이상하게도 좋아진다. 양배추즙은 우리 몸의 정화와 환원에 대해 놀랄 만한 특성을 가지고 있다. 즙을 마신 다음, 배에 가스가 생기므로 때로는 불쾌한 감이 있지만 이것은 장내에 끼어 있는 찌꺼기의 부패산물이 양배추즙에 의해 분해되어 화학반응으로 가스가 생기는 까닭이다. 양배추즙은 생당근즙과 혼합해 주면 정화제로써 비타민 C의 좋은 공급원이 된다. 잇몸 염증에 특히 좋다. 양배추즙은 궤양과 변비를 치료할 수 있는 탁월한 효과를 가지고 있다. 변비는 피부에 여러 가지 이상한 것을 돋게 하는 원인이 되는데, 양배추즙을 적당히 마시면 이런 것이 모두 없어지고 깨끗한 피부가 될 수 있다. 양배추나 그 즙에 소금이나 초를 첨가하는 것은 그 가치를 파괴시킬 뿐만 아니라 도리어 해가 된다.

|  | 8 ● 요일 | 9 ● 요일 |
|---|---|---|
| 수입<br>(남은돈) |  |  |
| 수입합계 |  |  |
| 식비 |  |  |
| 생활비 |  |  |
| 적금<br>보험<br>공과금 |  |  |
| 지출합계 |  |  |
| 현재 남은 돈 |  |  |

### MEMO

| 10 요일 | 11 요일 | 12 요일 | 13 요일 | 14 요일 |
|---|---|---|---|---|

주 계
누 계
예산잔액

# 6 June

## 알뜰주부를 위한 생활 속 지혜

### 몸에 열이 날 때는 무즙을
무를 강판에 갈아서 즙을 내어 더운물을 붓고 소금으로 입맛에 맞게 간을 해서 마신 다음 잠을 푹 자고 나면 해열도 되고 몸도 가벼워집니다.

### 딸꾹질이 날 때
생강을 즙을 내어 같은 분량의 벌꿀을 섞어 뜨거운 물을 부어 마시면 좀처럼 멈추지 않던 딸꾹질이 신기하게 사라집니다.

### 응급처치법 – 치통
① 마늘을 구워서 따뜻할 때 이에 물고 있으면 아픔이 사라집니다.

② 무를 갈아 즙을 내어 치아와 볼 사이에 넣고 있어도 효과가 좋습니다.

③ 감나무 잎을 삶은 물에 소금을 조금 타서 그 물로 양치질을 하면 통증도 가시고 충치의 진행도 막아줍니다.

| | 15 요일 | 16 요일 |
|---|---|---|
| 수입<br>(남은돈) | | |
| 수입합계 | | |
| 식비 | | |
| 생활비 | | |
| 적금<br>보험<br>공과금 | | |
| 지출합계 | | |
| 현재 남은 돈 | | |

**MEMO**

| 17 요일 | 18 요일 | 19 요일 | 20 요일 | 21 요일 |
|---|---|---|---|---|
|  |  |  |  |  |
|  |  |  |  |  |
|  |  |  |  |  |
|  |  |  |  |  |
|  |  |  |  |  |

주 계
누 계
예산잔액

# 6
## June

## 문어

문어는 기혈이 허약할 때 혈을 자양하고 원기를 북돋워준다. 문어의 엔테카펩티드 성분은 호흡 기능을 촉진하고 관상동맥의 혈액량을 늘리고 혈압을 떨어뜨리는 역할도 한다. 아미노산의 일종인 타우린이 풍부한 문어는 피로회복에도 좋은데, 이 성분은 혈중 콜레스테롤을 떨어뜨려 동맥경화에도 도움이 되고 지방간을 예방한다. 여성의 월경불순은 물론 다이어트와 당뇨병 치료에도 도움이 된다.

## 문어를 맛있게 먹는 방법은?

문어는 다리의 흡반이 크고 뚜렷하며 적색인 것을 구매하는 것이 좋다. 손질은 머리와 다리를 분리한 다음 내장을 빼고 껍질을 벗겨 낸 다음 물로 잘 씻겨 준다. 문어로 해먹기 좋은 음식은 숙회나 물회가 있고, 해신탕에도 잘 어울린다.

| | 22 요일 | 23 요일 |
|---|---|---|
| 수입 (남은돈) | | |
| 수입합계 | | |
| 식비 | | |
| 생활비 | | |
| 적금 보험 공과금 | | |
| 지출합계 | | |
| 현재 남은 돈 | | |

### MEMO

| 24 요일 | 25 요일 | 26 요일 | 27 요일 | 28 요일 |
|---|---|---|---|---|
| | | | | |

주 계
누 계
예산잔액

|  | 29 ●요일 | 30 ●요일 | 31 ●요일 |
|---|---|---|---|
| 수입<br>(남은돈) | | | |
| 수입합계 | | | |
| 식비 | | | |
| 생활비 | | | |
| 적금<br>보험<br>공과금 | | | |
| 지출합계 | | | |
| 현재 남은 돈 | | | |

**MEMO**

| 주 계 | |
|---|---|
| 누 계 | |
| 예산잔액 | |

# 7월 예산과 결산

## 이달의 행사

| 1 ( 요일) |
| 2 ( 요일) |
| 3 ( 요일) |
| 4 ( 요일) |
| 5 ( 요일) |
| 6 ( 요일) |
| 7 ( 요일) |
| 8 ( 요일) |
| 9 ( 요일) |
| 10 ( 요일) |
| 11 ( 요일) |
| 12 ( 요일) |
| 13 ( 요일) |
| 14 ( 요일) |
| 15 ( 요일) |
| 16 ( 요일) |
| 17 ( 요일) |
| 18 ( 요일) |
| 19 ( 요일) |
| 20 ( 요일) |
| 21 ( 요일) |
| 22 ( 요일) |
| 23 ( 요일) |
| 24 ( 요일) |
| 25 ( 요일) |
| 26 ( 요일) |
| 27 ( 요일) |
| 28 ( 요일) |
| 29 ( 요일) |
| 30 ( 요일) |
| 31 ( 요일) |

## 이달의 예산 및 결산

| 항목 | 예산 | 결산 | 예산과의 차이 |
|---|---|---|---|
| 고정수입 | | | |
| 임시수입 | | | |
| 지난달 남은 돈 | | | |
| 예금 인출 | | | |
| 차입금 및 기타 | | | |
| **수입합계** | | | |
| 주식 | | | |
| 부식 | | | |
| 조미료·기타 | | | |
| 외식·기호품 | | | |
| **식비계** | | | |
| 주거·비품 | | | |
| 광열·수도 | | | |
| 의료비 | | | |
| 보건·위생 | | | |
| 육아·교육 | | | |
| 문화·레저 | | | |
| 교통·통신 | | | |
| 남편 교제비 | | | |
| 가족 용돈 | | | |
| 차량 유지비 | | | |
| | | | |
| 저축·보험 | | | |
| 세금·공과금 | | | |
| **지출합계** | | | |

| 총 예산 | |
|---|---|
| 총 지출 | |
| 다음달 넘길 돈 | |

# 7 July

## 콩국수

### 🍆 재료
흰콩 1kg, 흰깨 2큰술, 소금 2작은술, 오이 1개, 국수 200g

### 🍚 만드는 법
1. 흰콩을 씻어서 하룻밤 정도 불린 뒤 냄비에 담고 잠길 정도의 물을 붓고 잠깐 삶아 비벼서 껍질을 벗겨 낸 다음 물기를 뺀다.
2. 흰깨는 씻어 일어서 볶고, 오이는 얇게 썰어 가늘게 채썰고 찬물에 담가둔다.
3. 냄비에 물 6컵을 붓고 펄펄 끓을 때 껍질 벗긴 콩을 넣어 한소끔 끓으면 불에서 내려 식힌다.
4. 맷돌이나 믹서에 삶은 콩과 볶은 깨 1큰술 반을 넣고 갈아서 고운체에 받쳐 콩국은 찬곳에 둔다.
5. 국수는 가는 것을 끓는 물에 넣고 삶아서 찬물에 헹군 다음 1인분씩 나누어 놓는다.
6. 먹기 바로 전에 대접에 국수를 담고 ④의 콩국을 소금으로 간하여 부은 다음 오이채와 남겨둔 깨를 얹어 낸다.

**TIP** 콩을 잘 삶아야 비린내가 나지 않으며, 간이 잘 맞아야 고소한 맛이 난다.

| | 1 ◯ 요일 | 2 ◯ 요일 |
|---|---|---|
| 수입 (남은돈) | | |
| 수입합계 | | |
| 식비 | | |
| 생활비 | | |
| 적금 보험 공과금 | | |
| 지출합계 | | |
| 현재 남은 돈 | | |

**MEMO**

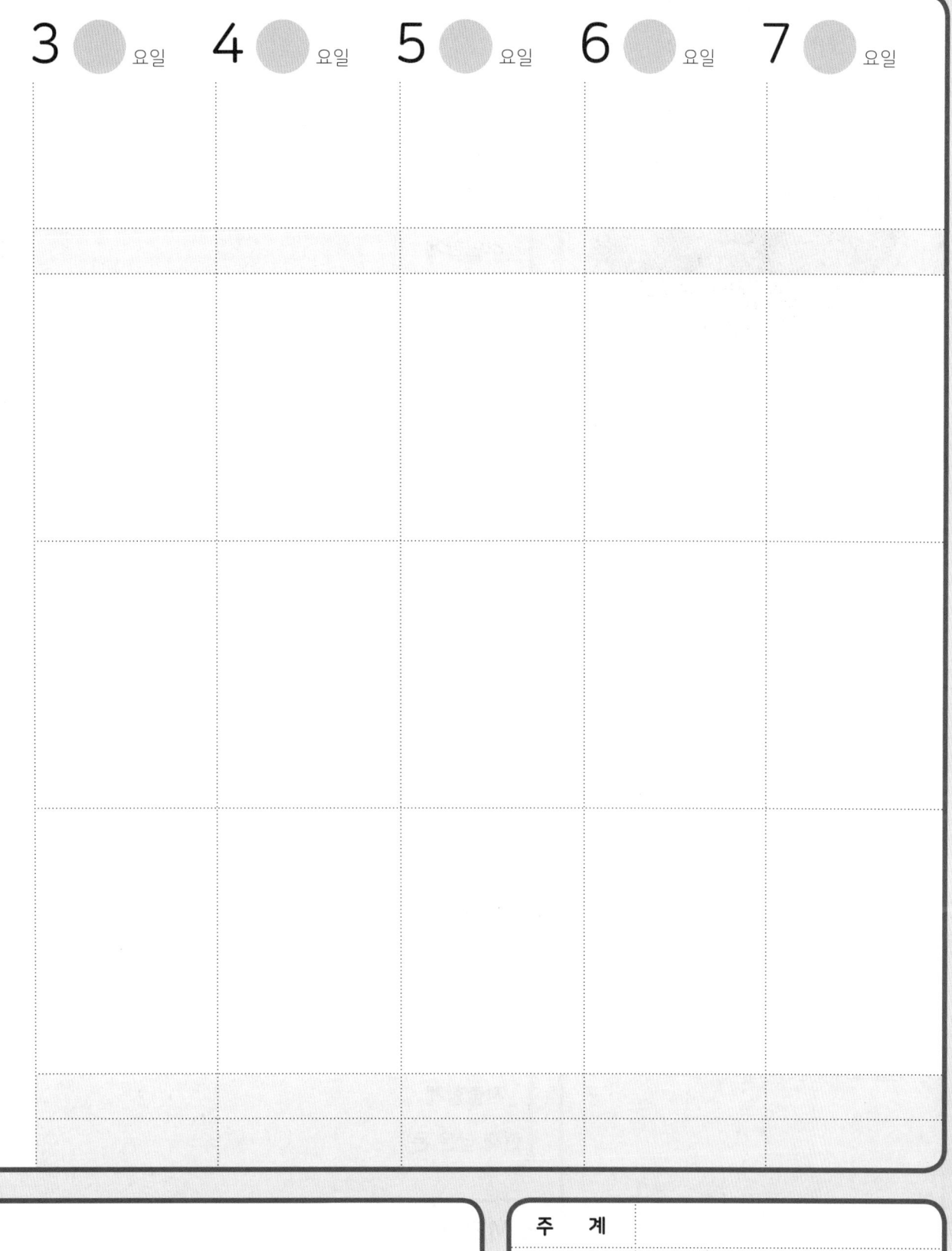

# 7 July

## 양파

양파는 다년생으로 향이 강하고 둥글게 생긴, 우리 식생활에 중요하게 쓰이는 없어서는 안 되는 식품이다. 양파는 요리할 때 양념으로 맛을 내어주고 생으로도 먹고 구워서도 먹는다. 양파는 고지방을 많이 섭취해서 콜레스테롤이 생기는 것을 억제시키며 위궤양에도 도움을 준다. 무력해진 장 기능을 강화시켜 주고 이질이나 장염에 좋은 효과가 있다. 혈압 강하에 효능이 크고, 배뇨 기능을 원활하게 도와주며 담을 제거하는 성분을 포함하고 살균작용에 강하다.

## 양파즙 만드는 방법은?

양파즙은 단백질과 탄수화물, 비타민 C 등의 다양한 영양소가 들어있다. 특히 적색 양파의 즙은 일반 양파보다 저밀도 콜레스테롤을 분해시켜주는 퀘르세틴이 2배 더 많이 들어있다.

### 🥣 만드는 법

10인용 밥솥에는 양파 7개, 4인용 밥솥에는 양파 5개를 넣고, 물 500mL를 넣어 밥솥의 찜기능으로 40분정도 다린다.

| | 8 요일 | 9 요일 |
|---|---|---|
| 수입<br>(남은돈) | | |
| 수입합계 | | |
| 식비 | | |
| 생활비 | | |
| 적금<br>보험<br>공과금 | | |
| 지출합계 | | |
| 현재 남은 돈 | | |

**MEMO**

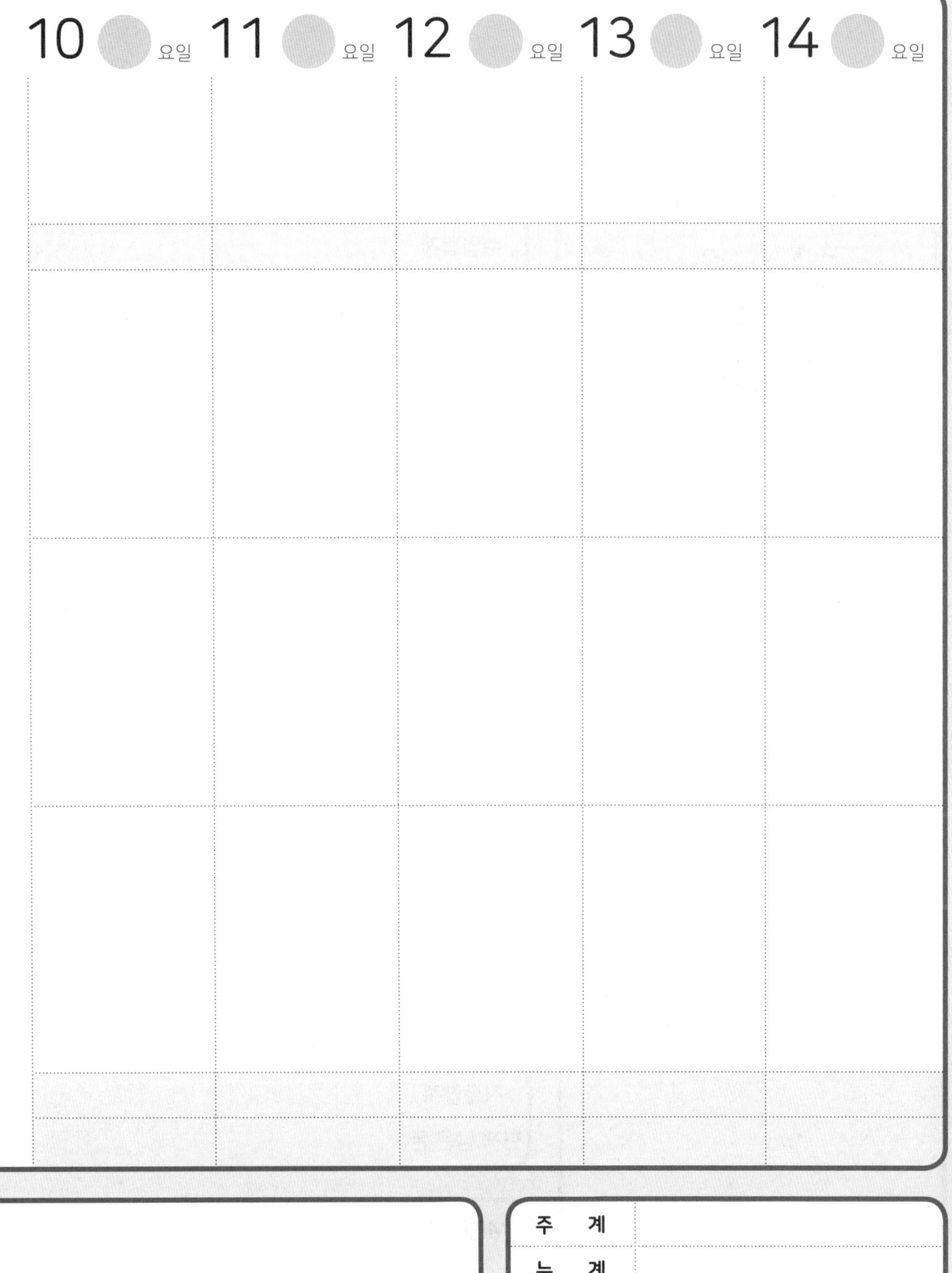

# 7 July

## 알뜰주부를 위한 생활 속 지혜

**집에서 튀김을 할 때 바삭하게 튀기려면**

튀김옷을 잘 반죽하는 것이 중요하다. 반죽하는 방법에 따라 맛의 차이가 크기 때문이다. 튀김을 만들때는 물이 가능한 차가운 것이 좋다. 얼음을 녹여 물과 섞는 것도 좋은 방법. 낮은 온도의 물로 반죽하면 밀가루의 끈기가 없어지기 때문에 바삭바삭하게 튀김을 할 수 있다. 적당한 양의 얼음을 직접 밀가루 속에 넣어도 좋다.

**생선 보관의 관건은 신선도를 유지**

생선의 비린내는 생선의 신선도와 비례한다. 그러려면 손질할 때부터 세심한 주의가 필요하다. 창자와 아가미 등을 흐르는 물로 깨끗이 씻어낸 뒤 물 3컵에 소금 한 큰 술을 넣어 만든 소금물로 다시 씻어낸다. 키친 타월로 물기를 완전히 닦은 후 랩에 싸고 다시 폴리백에 넣어 보관하면 된다. 토막난 생선은 깨끗하게 씻은 후 소금을 뿌려 15분 정도 두었다. 물기가 빠지면 맛술에 잰다. 이어 랩을 씌워 냉장실에 2~3일 넣어 두었다가 냉동실로 옮기면 비린내 없는 싱싱한 생선을 맛볼 수 있다.

| | 15 ◯ 요일 | 16 ◯ 요일 |
|---|---|---|
| 수입 (남은돈) | | |
| 수입합계 | | |
| 식비 | | |
| 생활비 | | |
| 적금 보험 공과금 | | |
| 지출합계 | | |
| 현재 남은 돈 | | |

**MEMO**

| 17 요일 | 18 요일 | 19 요일 | 20 요일 | 21 요일 |

| 주 계 | |
| 누 계 | |
| 예산잔액 | |

# 7
## July

| 자연민간요법 | **우엉**

### 가래
우엉을 즙을 내어 먹으면 가래가 제거된다.

### 생리통
우엉의 뿌리를 잘게 썰어 푹 찐 다음 무명 주머니에 넣고 술에 담그어 매일 공복에 마신다.

| 자연민간요법 | **당근**

### 위장쇠약, 식욕부진
당근을 불에 구워서 식사전에 반 개씩 먹는다.

### 심장병, 불면증
매일 세끼에 생당근 한 개씩 먹는다.

### 허약체질, 스테미나 강화
몸이 허약해서 감기에 잘 걸리는 사람은 당근을 생식하거나, 익히거나, 볶거나 다 좋으므로 열심히 먹는다.

| | 22 요일 | 23 요일 |
|---|---|---|
| 수입<br>(남은돈) | | |
| 수입합계 | | |
| 식비 | | |
| 생활비 | | |
| 적금<br>보험<br>공과금 | | |
| 지출합계 | | |
| 현재 남은 돈 | | |

**MEMO**

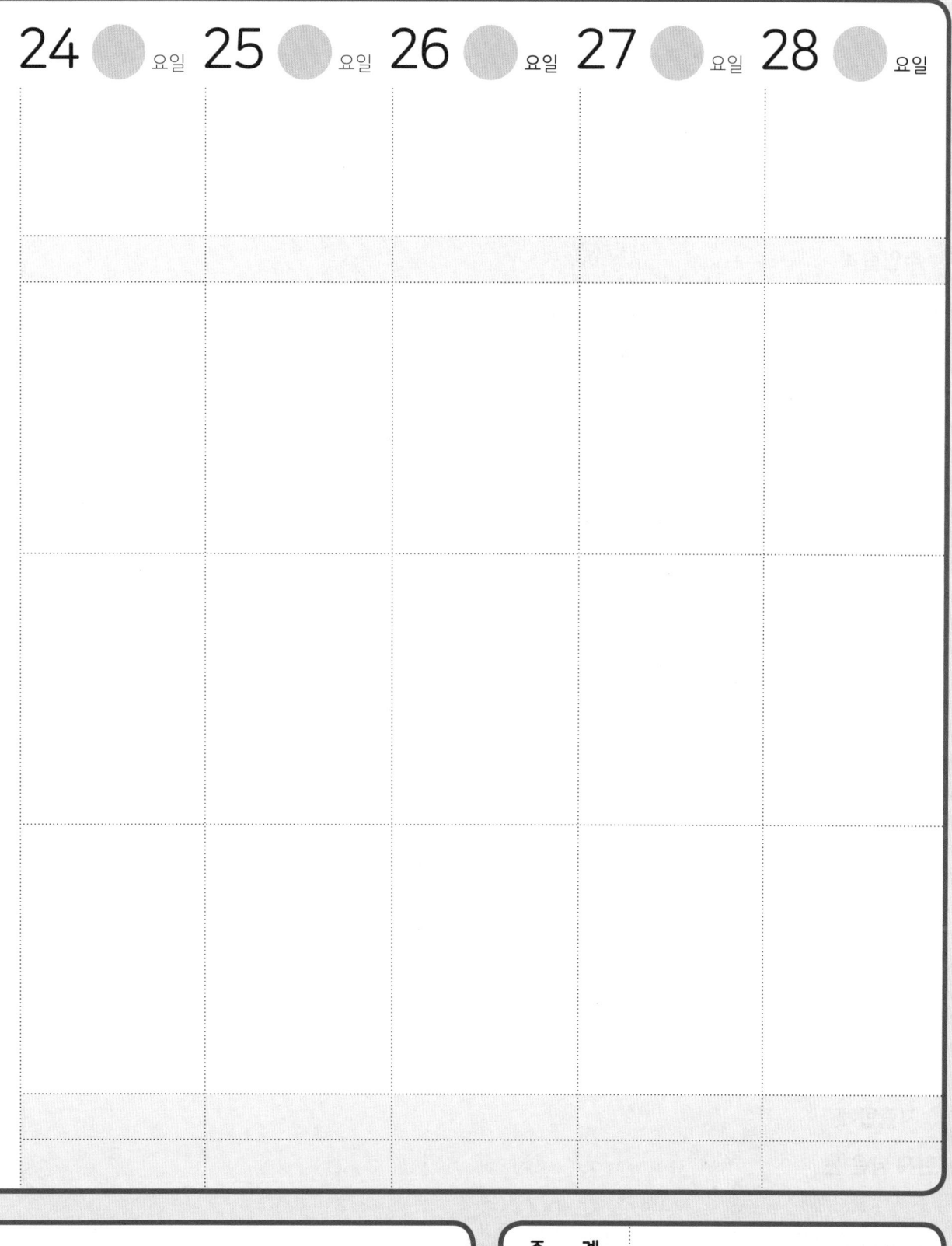

| | 29 ◯ 요일 | 30 ◯ 요일 | 31 ◯ 요일 | |
|---|---|---|---|---|
| 수입<br>(남은돈) | | | | |
| 수입합계 | | | | |
| 식비 | | | | |
| 생활비 | | | | |
| 적금<br>보험<br>공과금 | | | | |
| 지출합계 | | | | |
| 현재 남은 돈 | | | | |

**MEMO**

| 주 계 | |
|---|---|
| 누 계 | |
| 예산잔액 | |

# 8월 예산과 결산

## 이달의 행사

| | | |
|---|---|---|
| 1 ( | 요일) | |
| 2 ( | 요일) | |
| 3 ( | 요일) | |
| 4 ( | 요일) | |
| 5 ( | 요일) | |
| 6 ( | 요일) | |
| 7 ( | 요일) | |
| 8 ( | 요일) | |
| 9 ( | 요일) | |
| 10 ( | 요일) | |
| 11 ( | 요일) | |
| 12 ( | 요일) | |
| 13 ( | 요일) | |
| 14 ( | 요일) | |
| 15 ( | 요일) | |
| 16 ( | 요일) | |
| 17 ( | 요일) | |
| 18 ( | 요일) | |
| 19 ( | 요일) | |
| 20 ( | 요일) | |
| 21 ( | 요일) | |
| 22 ( | 요일) | |
| 23 ( | 요일) | |
| 24 ( | 요일) | |
| 25 ( | 요일) | |
| 26 ( | 요일) | |
| 27 ( | 요일) | |
| 28 ( | 요일) | |
| 29 ( | 요일) | |
| 30 ( | 요일) | |
| 31 ( | 요일) | |

## 이달의 예산 및 결산

| 항목 | 예산 | 결산 | 예산과의 차이 |
|---|---|---|---|
| 고정수입 | | | |
| 임시수입 | | | |
| 지난달 남은 돈 | | | |
| 예금 인출 | | | |
| 차입금 및 기타 | | | |
| **수입합계** | | | |
| 주식 | | | |
| 부식 | | | |
| 조미료·기타 | | | |
| 외식·기호품 | | | |
| **식비계** | | | |
| 주거·비품 | | | |
| 광열·수도 | | | |
| 의료비 | | | |
| 보건·위생 | | | |
| 육아·교육 | | | |
| 문화·레저 | | | |
| 교통·통신 | | | |
| 남편 교제비 | | | |
| 가족 용돈 | | | |
| 차량 유지비 | | | |
| | | | |
| 저축·보험 | | | |
| 세금·공과금 | | | |
| **지출합계** | | | |

| | |
|---|---|
| 총 예산 | |
| 총 지출 | |
| 다음달 넘길 돈 | |

# 8
## August

## 삼계탕

### 🍆 재료
영계 2마리, 수삼 2뿌리, 찹쌀 1컵, 대추 6개, 생밤 5개, 마늘 2통, 생강 2톨, 소금, 후춧가루 조금씩, 굵은파 적당량

### 🍚 만드는 법
1 영계는 내장을 말끔히 빼내고 뱃속을 깨끗이 씻는다.
2 찹쌀은 씻어서 30분 정도 불린 다음 찹쌀밥을 짓는다.
3 인삼과 대추는 가볍게 씻어 놓고, 생밤은 껍질을 벗긴다.
4 생강과 마늘은 납작하게 저며 썰고, 굵은 파는 송송 썬다.
5 손질한 닭 뱃속에 ②의 찹쌀밥과 마늘, 밤, 대추를 넣고 바깥으로 나오지않게 닭살을 오므려 무명실로 꿰매거나 꼬치로 찔러 고정한다.
6 닭의 한쪽 다리 끝부분에 칼집을 넣고 반대편 다리를 끼워 넣어 다리를 고정한다.
7 솥에 닭이 충분히 잠길 만큼 물을 붓고 끓으면 준비한 닭을 넣어 인삼과 생강을 넣고 푹 무르도록 끓인다. 먹기 직전에 송송 썬 파를 넣고 소금과 후춧가루로 간한다.

| | 1 ● 요일 | 2 ● 요일 |
|---|---|---|
| 수입<br>(남은돈) | | |
| 수입합계 | | |
| 식비 | | |
| 생활비 | | |
| 적금<br>보험<br>공과금 | | |
| 지출합계 | | |
| 현재 남은 돈 | | |

### MEMO

# 8
## August

## 가지

가지는 다년생 본초로 줄기는 곧고 단단하다. 우리나라 어느 곳이든 잘 재배되는 식물이다. 가지는 우리 식탁에서 반찬으로 입맛을 돋아 준다. 맛이 담백하고 구수하여 어른이나 어린이들도 즐겨 먹으며 옛날에는 배가 고플 때 생으로도 먹었다. 가지는 피를 맑게 해 주어 혈액순환을 원활하게 도와준다. 가지를 먹으면 오장의 피로가 풀린다. 얼굴에 열꽃이 생기거나 여드름이 생기면 가지로 마사지하거나 생즙을 내어 바르면 치료된다.

## 가지를 오래 두고 먹을 수 있는 방법은?

가지를 오래 두고 먹고 싶다면 가지를 손질해서 말려 두면 겨우내 먹을 수 있다. 가지를 말릴 때는 꼭지를 따지 않은채로 3~4등분해 칼집을 내고 끓는 소금물에 살짝 담갔다가 줄줄이 꿰어 빨랫줄에 걸어서 말리면 된다. 꼭지를 떼고 얇게 어슷썰기한 다음 채반에 널어 말려도 좋다. 가지나 호박, 무청 등 채소를 말리기에는 습기가 없고 볕이 좋은 초가을 날씨가 제격이다.

|  | 8 ● 요일 | 9 ● 요일 |
|---|---|---|
| 수입<br>(남은돈) |  |  |
| 수입합계 |  |  |
| 식비 |  |  |
| 생활비 |  |  |
| 적금<br>보험<br>공과금 |  |  |
| 지출합계 |  |  |
| 현재 남은 돈 |  |  |

### MEMO

| 10 | 요일 | 11 | 요일 | 12 | 요일 | 13 | 요일 | 14 | 요일 |
|---|---|---|---|---|---|---|---|---|---|

| 주 계 | |
|---|---|
| 누 계 | |
| 예산잔액 | |

# 8
## August

## 골뱅이 무침

### 🍆 재료
골뱅이(통조림)1통, 오이 1개, 굵은 파 2뿌리, 풋고추, 붉은고추 2개씩

### 🫙 양념장
골뱅이통조림국물 4큰술, 진간장, 고춧가루 1큰술씩, 다진마늘, 식초 2작은술씩, 설탕 1작은술, 깨소금, 참기름

### 🥣 만드는 법
1 골뱅이통조림은 따서 필요한 만큼만 체에 쏟아 국물은 따로 받아두고 알맹이는 저미거나 통째로 사용한다.
2 오이는 가늘고 연한 것으로 준비해 길이로 반 갈라 어슷어슷하게 썰어 살짝 절였다가 물기를 꼭 짠다.
3 파는 흰부분만 어슷하게 곱게 채썰어 찬물에 담가 두었다가 진이 빠지고 싱싱해지면 건진다.
4 풋고추와 붉은고추는 반갈라 씨를 떨어내고 굵직하게 다진다.
5 받아둔 골뱅이 국물 4큰술에 진간장, 마늘, 식초, 설탕, 고춧가루, 깨소금, 참기름을 분량대로 넣고 고루 섞어 양념장을 만든다.
6 밑이 깊은 그릇에 골뱅이와 절인 오이, 파채, 다진고추를 모두 합한 다음 준비한 양념장을 넣어 맛이 고루 배이도록 버무린다.

| | 15 요일 | 16 요일 |
|---|---|---|
| 수입 (남은돈) | | |
| 수입합계 | | |
| 식비 | | |
| 생활비 | | |
| 적금 보험 공과금 | | |
| 지출합계 | | |
| 현재 남은 돈 | | |

## MEMO

| 17 요일 | 18 요일 | 19 요일 | 20 요일 | 21 요일 |
|---|---|---|---|---|
|  |  |  |  |  |
|  |  |  |  |  |
|  |  |  |  |  |
|  |  |  |  |  |

주 계
누 계
예산잔액

# 8
## August

## 매실

매실은 둥근 모양으로 오래전부터 건강 식품이나 약재로 써왔다. 연한 녹색에 과육이 단단하며 신맛이 강한 청매가 있고, 빛깔이 노란 황매, 청매를 쪄서 말린 금매 등 여러 종류가 있다. 매실은 85%가 수분이며 당질이 10%정도다. 무기질, 비타민, 유기산이 풍부하고 유기산은 위장의 작용을 활발하게 하여 식욕을 돋구는 작용을 한다. 피로회복에도 좋으며 체질개선 효과도 있다. 특히 해독작용이 뛰어나 배탈이나 식중독 등을 치료하는 데 많이 사용되며, 매실의 신말은 위액을 분비하고 소화기관을 정상화하여 소화불량과 위장 장애를 없애 준다. 변비와 피부 미용에도 탁월하다.

## 매실을 맛있게 먹는 방법은?

보통 술을 담가 먹으며 농축액을 만들어 요리에 사용하거나 장아찌를 담그기도 한다.

| | 22 요일 | 23 요일 |
|---|---|---|
| 수입<br>(남은돈) | | |
| 수입합계 | | |
| 식비 | | |
| 생활비 | | |
| 적금<br>보험<br>공과금 | | |
| 지출합계 | | |
| 현재 남은 돈 | | |

**MEMO**

| 24 요일 | 25 요일 | 26 요일 | 27 요일 | 28 요일 |
|---|---|---|---|---|
|  |  |  |  |  |
|  |  |  |  |  |
|  |  |  |  |  |
|  |  |  |  |  |

| 주 계 | |
|---|---|
| 누 계 | |
| 예산잔액 | |

|  | 29 ◯ 요일 | 30 ◯ 요일 | 31 ◯ 요일 |
|---|---|---|---|
| 수입<br>(남은돈) | | | |
| 수입합계 | | | |
| 식비 | | | |
| 생활비 | | | |
| 적금<br>보험<br>공과금 | | | |
| 지출합계 | | | |
| 현재 남은 돈 | | | |

**MEMO**

| 주 계 | |
|---|---|
| 누 계 | |
| 예산잔액 | |

# 9월 예산과 결산

## 이달의 행사

| 일 | 요일 | |
|---|---|---|
| 1 | ( 요일) | |
| 2 | ( 요일) | |
| 3 | ( 요일) | |
| 4 | ( 요일) | |
| 5 | ( 요일) | |
| 6 | ( 요일) | |
| 7 | ( 요일) | |
| 8 | ( 요일) | |
| 9 | ( 요일) | |
| 10 | ( 요일) | |
| 11 | ( 요일) | |
| 12 | ( 요일) | |
| 13 | ( 요일) | |
| 14 | ( 요일) | |
| 15 | ( 요일) | |
| 16 | ( 요일) | |
| 17 | ( 요일) | |
| 18 | ( 요일) | |
| 19 | ( 요일) | |
| 20 | ( 요일) | |
| 21 | ( 요일) | |
| 22 | ( 요일) | |
| 23 | ( 요일) | |
| 24 | ( 요일) | |
| 25 | ( 요일) | |
| 26 | ( 요일) | |
| 27 | ( 요일) | |
| 28 | ( 요일) | |
| 29 | ( 요일) | |
| 30 | ( 요일) | |
| 31 | ( 요일) | |

## 이달의 예산 및 결산

| 항목 | 예산 | 결산 | 예산과의 차이 |
|---|---|---|---|
| 고정수입 | | | |
| 임시수입 | | | |
| 지난달 남은 돈 | | | |
| 예금 인출 | | | |
| 차입금 및 기타 | | | |
| **수입합계** | | | |
| 주식 | | | |
| 부식 | | | |
| 조미료·기타 | | | |
| 외식·기호품 | | | |
| **식비계** | | | |
| 주거·비품 | | | |
| 광열·수도 | | | |
| 의료비 | | | |
| 보건·위생 | | | |
| 육아·교육 | | | |
| 문화·레저 | | | |
| 교통·통신 | | | |
| 남편 교제비 | | | |
| 가족 용돈 | | | |
| 차량 유지비 | | | |
| | | | |
| | | | |
| 저축·보험 | | | |
| 세금·공과금 | | | |
| **지출합계** | | | |

| | |
|---|---|
| 총 예산 | |
| 총 지출 | |
| 다음달 넘길 돈 | |

# 9 September

## 두부전골

### 🍆 재료
두부 1/2모, 쇠고기 150g, 표고버섯 3장, 양파 1/2개, 무 1/8개, 당근 1/3개, 숙주나물 30g, 미나리 10줄기, 실파 10뿌리, 녹말가루, 간장, 다진마늘, 소금, 후춧가루, 참기름 1큰술, 식용유, 장국

### 🍚 만드는 법
1 두부는 가로 4cm, 세로 3cm 크기로 얇게 썰어 소금을 뿌려 두었다가 물기를 없앤 다음 녹말을 앞뒤로 고루 묻혀 기름 두른 팬에 노릇노릇하게 지진다.
2 쇠고기 100g은 채썰어 놓고, 나머지 50g은 곱게 다져서 간장, 다진마늘, 소금, 후추를 넣고 조물조물 주물러 양념한다.
3 불린 표고와 양파는 채썰어 놓고, 무와 당근은 5cm 길이로 채썰어 끓는 물에 살짝 데친다. 숙주와 미나리도 손질하여 데치고 실파는 4cm 길이로 자른다.
4 지진 두부를 두장씩 겹쳐 그 사이에 다져서 양념한 고기를 끼우고 데친 미나리 줄기로 두부 가운데를 묶어 예쁘게 모양을 낸다.
5 냄비 바닥에 채썬 고기를 깔고 손질한 야채와 두부를 돌려 담은 뒤 장국을 살며시 부어 센불에서 푹 끓인다.

| | 1 ●요일 | 2 ●요일 |
|---|---|---|
| 수입<br>(남은돈) | | |
| 수입합계 | | |
| 식비 | | |
| 생활비 | | |
| 적금<br>보험<br>공과금 | | |
| 지출합계 | | |
| 현재 남은 돈 | | |

### MEMO

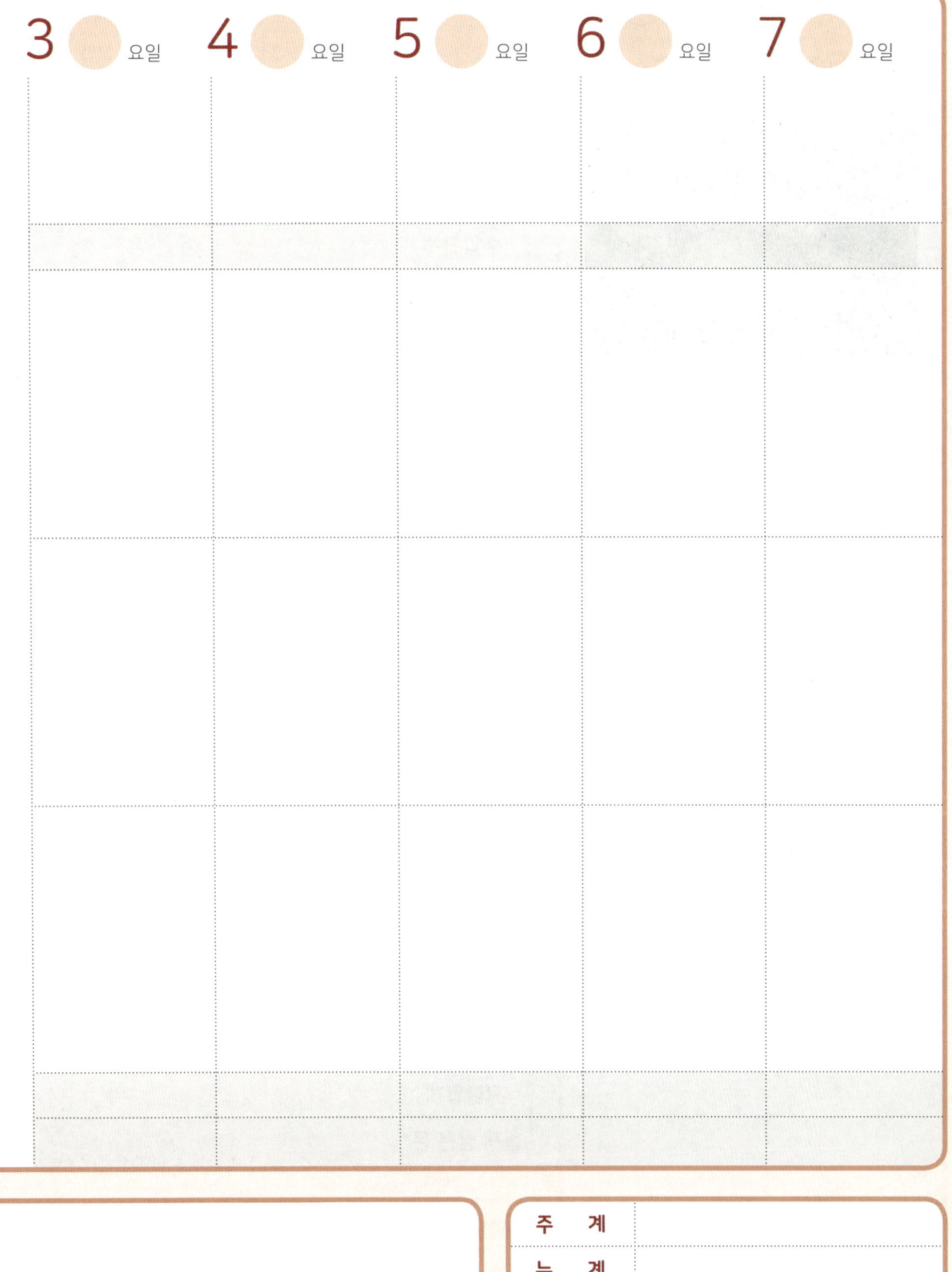

# 9
## September

## 상추

상추는 야채 중에서도 제일 많이 소비되는 것 중 하나이다. 전국 어디서나 재배가 잘 되고 누구나 손쉽게 재배할 수 있다. 맛은 쓴맛과 단맛이며 기운은 서늘하다. 산화작용을 하는 황을 풍부하게 함유하고 있다. 우리나라 사람들이 제일 많이 먹는 야채이다. 상추를 먹으면 배뇨가 원활해지고 소변에 피가 섞여 나올 때 먹으면 치료된다. 평상시에 자주 먹게 되면 근육과 뼈를 튼튼하게 만들어 주므로 근육마비와 골다공증 예방에 좋다. 상추를 지나치게 많이 먹으면 시력이 어두워지고 매일 먹으면 눈에 통증이 생기므로 눈병이 있는 사람은 먹지 않는 것이 좋다.

## 상추를 맛있게 먹는 방법은?

상추에 양념을 넣고 무친 겉절이가 있다. 간단하게 상추를 손으로 적당하게 뜯어 준비하고 고춧가루, 다진 파, 마늘 그리고 설탕과 간장, 참기름으로 양념장을 만들어 살짝 버무린다.

| | 8 요일 | 9 요일 |
|---|---|---|
| 수입<br>(남은돈) | | |
| 수입합계 | | |
| 식비 | | |
| 생활비 | | |
| 적금<br>보험<br>공과금 | | |
| 지출합계 | | |
| 현재 남은 돈 | | |

**MEMO**

| 10 요일 | 11 요일 | 12 요일 | 13 요일 | 14 요일 |
|---|---|---|---|---|
|  |  |  |  |  |
|  |  |  |  |  |
|  |  |  |  |  |
|  |  |  |  |  |

| 주 계 | |
|---|---|
| 누 계 | |
| 예산잔액 | |

# 9
## September

## 알뜰주부를 위한 생활 속 지혜

**생선 튀긴 기름의 비린내를 없애는 방법**

탈지면 등으로 여러번 걸러내면 냄새가 없어지고, 또는 양파, 파, 감자 등을 튀겨내면 비린내가 가신다.

**기미가 끼었을 때**

세안 후에 꿀과 살구씨 가루를 적당량 잘 섞어 30분 정도 수시로 맛사지를 해 준다. 또는 고구마 줄기를 적당량 잘라 냄비에 넣고 물을 부어 달여서 기미 난 얼굴에 수시로 발라주어도 좋다.

**산후 몸에 부종이 있을 때**

호박의 윗부분을 뚜껑처럼 도려낸 다음 속을 모두 파내고, 내부에 꿀을 발라 대추와 다진 백도라지를 넣고 뚜껑을 닫은 다음 호박이 뭉그러지지 않도록 잘 묶어서 찜통에 2~3시간 푹 찐다. 다 쪄진 호박의 밑부분을 젖가락으로 여러군데 구멍을 뚫어 거기서 나온 물에 정종을 약간 타서 마신다. 호박 한 통이면 효과가 있다.

| | 15 요일 | 16 요일 |
|---|---|---|
| 수입<br>(남은돈) | | |
| 수입합계 | | |
| 식비 | | |
| 생활비 | | |
| 적금<br>보험<br>공과금 | | |
| 지출합계 | | |
| 현재 남은 돈 | | |

**MEMO**

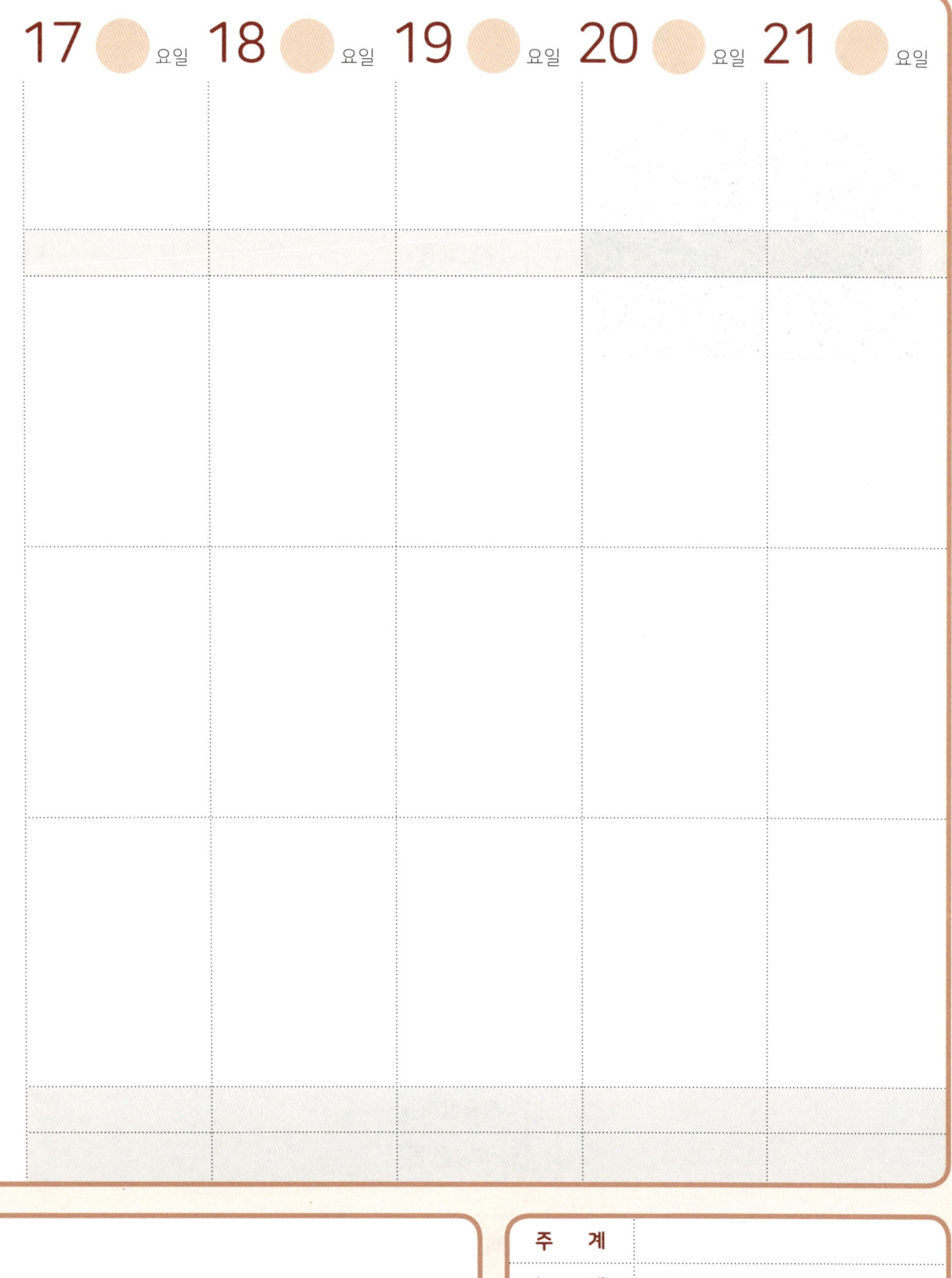

# 9
## September

| 자연민간요법 | **대추**

**위장쇠약, 식욕부진**
대추 달인 물을 수시로 마신다. 이것은 살을 빼는데도 도움이 된다.

**더위 먹었을 때**
잎을 즙을 내어 복용한다.

**식욕부진, 소화불량**
씨를 뺀 대추를 약한 불에 구워 말려서 가루로 만들고 매일 식후마다 큰 숟갈로 하나씩 끓인 물로 장복한다.

## 대추를 맛있게 먹는 방법은?

씨를 제거하고 우유와 같이 갈아주면 건강 음료로 만들 수 있다. 또한 식이섬유, 구리 등 무기염류가 다양한 대추 속에 호두를 넣고 꼭 눌러가며 돌돌 말아 반으로 자르면 천연 당분의 건강 간식으로 평상시에 한알씩 먹기 좋다.

|  | 22 ● 요일 | 23 ● 요일 |
|---|---|---|
| 수입<br>(남은돈) |  |  |
| 수입합계 |  |  |
| 식비 |  |  |
| 생활비 |  |  |
| 적금<br>보험<br>공과금 |  |  |
| 지출합계 |  |  |
| 현재 남은 돈 |  |  |

**MEMO**

| 24 요일 | 25 요일 | 26 요일 | 27 요일 | 28 요일 |
|---|---|---|---|---|
|  |  |  |  |  |

주 계
누 계
예산잔액

|  | 29 요일 | 30 요일 | 31 요일 | |
|---|---|---|---|---|
| 수입<br>(남은돈) | | | | |
| 수입합계 | | | | |
| 식비 | | | | |
| 생활비 | | | | |
| 적금<br>보험<br>공과금 | | | | |
| 지출합계 | | | | |
| 현재 남은 돈 | | | | |

**MEMO**

| 주 계 | |
|---|---|
| 누 계 | |
| 예산잔액 | |

# 10월 예산과 결산

## 이달의 행사

| 날짜 | |
|---|---|
| 1 ( 요일) | |
| 2 ( 요일) | |
| 3 ( 요일) | |
| 4 ( 요일) | |
| 5 ( 요일) | |
| 6 ( 요일) | |
| 7 ( 요일) | |
| 8 ( 요일) | |
| 9 ( 요일) | |
| 10 ( 요일) | |
| 11 ( 요일) | |
| 12 ( 요일) | |
| 13 ( 요일) | |
| 14 ( 요일) | |
| 15 ( 요일) | |
| 16 ( 요일) | |
| 17 ( 요일) | |
| 18 ( 요일) | |
| 19 ( 요일) | |
| 20 ( 요일) | |
| 21 ( 요일) | |
| 22 ( 요일) | |
| 23 ( 요일) | |
| 24 ( 요일) | |
| 25 ( 요일) | |
| 26 ( 요일) | |
| 27 ( 요일) | |
| 28 ( 요일) | |
| 29 ( 요일) | |
| 30 ( 요일) | |
| 31 ( 요일) | |

## 이달의 예산 및 결산

| 항목 | 예산 | 결산 | 예산과의 차이 |
|---|---|---|---|
| 고정수입 | | | |
| 임시수입 | | | |
| 지난달 남은 돈 | | | |
| 예금 인출 | | | |
| 차입금 및 기타 | | | |
| **수입합계** | | | |
| 주식 | | | |
| 부식 | | | |
| 조미료·기타 | | | |
| 외식·기호품 | | | |
| **식비계** | | | |
| 주거·비품 | | | |
| 광열·수도 | | | |
| 의료비 | | | |
| 보건·위생 | | | |
| 육아·교육 | | | |
| 문화·레저 | | | |
| 교통·통신 | | | |
| 남편 교제비 | | | |
| 가족 용돈 | | | |
| 차량 유지비 | | | |
| | | | |
| 저축·보험 | | | |
| 세금·공과금 | | | |
| **지출합계** | | | |

| | |
|---|---|
| 총 예산 | |
| 총 지출 | |
| 다음달 넘길 돈 | |

# 10 October

## 드롭도넛

### 🍆 재료
밀가루 1컵, 달걀 노른자 2개, 설탕 2/3컵, 버터 2큰술, 우유 2큰술, 소금 1/2작은술, 계피가루 1큰술, 베이킹파우더 조금, 식물성 기름 3컵

### 🍚 만드는 법
1 달걀은 노른자만 분리해 우묵한 그릇에 잘풀어 놓는다. 거품기를 이용해 완전히 풀어야 한다.
2 달걀 노른자 푼 것에 설탕 1/3컵과 분량의 버터를 넣어 고루 섞는다. 버터는 미리 녹여서 섞어도 된다.
3 설탕, 버터를 녹인 노른자에 분량의 우유를 붓고 소금으로 간을 맞춰 골고루 저어 준다.
4 우유를 섞은 노른자에 분량의 밀가루, 베이킹파우더를 섞어 체에 쳐서 넣는다.
5 밀가루를 넣은 반죽을 숟가락으로 가볍게 저어 섞는다. 너무 많이 저으면 반죽이 되직해지므로 주의한다.
6 160℃로 끓인 기름에 반죽을 반숟가락씩 떠 넣고 튀긴다. 두 개의 숟가락으로 둥글게 모양을 내면서 떠 넣으면 된다.
7 도넛이 노릇하게 튀겨지면 튀김망으로 건진 후 깨끗한 종이를 깐 접시 위에 놓아 기름을 뺀다.
8 넓은 그릇에 설탕 1/3컵과 계피가루 1큰술을 넣어 골고루 섞어 준다.
9 계피가루를 섞은 설탕에 튀겨낸 드롭도넛을 넣고 살살 흔들어서 골고루 설탕을 묻힌다.

| | 1 ● 요일 | 2 ● 요일 |
|---|---|---|
| 수입 (남은돈) | | |
| 식비 | | |
| 생활비 | | |
| 적금 보험 공과금 | | |

MEMO

| 3 요일 | 4 요일 | 5 요일 | 6 요일 | 7 요일 |

주 계
누 계
예산잔액

# 10 October

## 알뜰주부를 위한 생활 속 지혜

### 임신 중 감기에 걸렸을 때
배의 꼭지를 따고 속을 파낸 뒤 꿀과 흑설탕을 넣고 찜통에 넣어서 찐다. 다 쪄진 배를 즙을 짜서 마셔도 좋고 통째로 먹어도 된다. 보통 한 개 정도만 먹어도 효과가 난다.

### 피부가 햇볕에 심하게 탔을 때
감자를 껍질 째 강판에 갈아서 체에 걸러 내린 다음 즙은 등이나 팔에 고루 바르고 20~30분 후에 닦아 낸다. 그리고 체에 걸러놓은 감자는 얼굴에 발라 맛사지 해주면 된다.

### 상한 우유 활용법
상한 우유는 왁스 대용으로 사용 할 수 있다. 신선한 우유는 산성과 알카리성과 두 가지 성질을 갖고 있지만 오래되어 상한 것은 암모니아 등이 발생해 알칼리성만 남게 된다. 세제는 약알카리성 또는 중성이다. 상한 우유에 함유된 알카리성과 암모니아의 휘발성이 합쳐져서 더러운 때를 깨끗이 제거 해주는 것이다. 게다가 우유에는 지방분까지 포함돼 있어 부드러운 천에 묻혀 마루나 가구를 닦으면 반짝반짝 윤이 난다.

|  | 8 요일 | 9 요일 |
|---|---|---|
| 수입 (남은돈) | | |
| 수입합계 | | |
| 식비 | | |
| 생활비 | | |
| 적금 보험 공과금 | | |
| 지출합계 | | |
| 현재 남은 돈 | | |

**MEMO**

| 10 요일 | 11 요일 | 12 요일 | 13 요일 | 14 요일 |
|---|---|---|---|---|
| | | | | |
| | | | | |
| | | | | |
| | | | | |

| 주 계 | |
|---|---|
| 누 계 | |
| 예산잔액 | |

# 10 October

## 더덕

더덕은 강원도 등의 깊은 산에서 많이 난다. 더덕은 그 주위에 가기만 해도 향이 진하게 풍겨 더덕이 있음을 쉽게 알 수 있다. 현재 시장에서 판매되는 것은 거의 재배된 더덕이다. 껍질을 벗겨 생으로 고추장에 찍어 먹기도 하고 장에 넣어 더덕장아찌를 만들어 먹는다. 반을 갈라 칼 등으로 두들겨 연하게 만든 다음 양념을 묻혀 살짝 불에 구워 먹기도하고 잘게 찢어서 더덕부침 등을 만들어 먹는다. 더덕을 먹으면 피로감이 줄고 혈압이 내려가며 부종을 치료해 준다. 기관지나 폐에 질환이 생기면 더덕을 한근 정도 구입해서 푹 고아서 찌꺼기는 건져내고 달인 물을 수시로 마신다.

## 더덕으로 술을 담그려면?

더덕은 체력을 키워 주고 쌓인 피로를 풀어주며 열을 내리는데 좋다. 더덕주는 특히 자기전에 마시면 더 좋은 약효를 기대할 수 있다. 우선 더덕 100g을 깨끗이 씻어 준비한 다음 공기가 통하지 않게 밀봉할 수 있는 병에 담는다. 이 더덕에 소주 3.6ℓ(20컵)을 부어 공기가 통하지 않도록 완전히 밀봉한 다음 서늘한 곳에 보관하면 된다.

| | 15 요일 | 16 요일 |
|---|---|---|
| 수입<br>(남은돈) | | |
| 수입합계 | | |
| 식비 | | |
| 생활비 | | |
| 적금<br>보험<br>공과금 | | |
| 지출합계 | | |
| 현재 남은 돈 | | |

### MEMO

| 17 요일 | 18 요일 | 19 요일 | 20 요일 | 21 요일 |
|---|---|---|---|---|
| | | | | |
| | | | | |
| | | | | |
| | | | | |

| 주 계 | |
|---|---|
| 누 계 | |
| 예산잔액 | |

# 10 October

## 블루베리

슈퍼푸드로 불리는 블루베리는 푸른색으로 안토시안 색소, 당분, 점성이 있는 펙틴, 은은한 향을 가지고 있다. 블루베리는 시력 개선 효과가 있어 눈 건강식품으로 유명하다. 백내장은 단백질에 당이 결합하여 눈의 단백질이 노화되기 때문에 생기는데 블루베리가 단백질의 노화를 억제시키기 때문에 백내장 예방에 좋다.

## 블루베리를 맛있게 먹는 방법은?

블루베리는 진한 청색을 띄고 있으며 흰가루가 균일하게 묻어 있는 것을 구입하는게 좋다. 생으로 먹거나 잼, 주스, 과실주 등으로 섭취가능하다.

### 🍶 만드는 법

블루베리 180g, 우유 200ml, 요거트 100g, 꿀을 준비한다. 믹서에 블루베리와 우유를 넣고 갈아준다. 마지막에 요거트를 넣고 섞는다. 단맛을 주기 위해 꿀을 조금 넣는다.

| | 22 요일 | 23 요일 |
|---|---|---|
| 수입 (남은돈) | | |
| 수입합계 | | |
| 식비 | | |
| 생활비 | | |
| 적금 보험 공과금 | | |
| 지출합계 | | |
| 현재 남은 돈 | | |

### MEMO

| 24 요일 | 25 요일 | 26 요일 | 27 요일 | 28 요일 |
|---|---|---|---|---|
| | | | | |

주 계
누 계
예산잔액

|  | 29 ◯ 요일 | 30 ◯ 요일 | 31 ◯ 요일 |
|---|---|---|---|
| 수입<br>(남은돈) | | | |
| 수입합계 | | | |
| 식비 | | | |
| 생활비 | | | |
| 적금<br>보험<br>공과금 | | | |
| 지출합계 | | | |
| 현재 남은 돈 | | | |

**MEMO**

| 주 계 | |
|---|---|
| 누 계 | |
| 예산잔액 | |

# 11월 예산과 결산

## 이달의 행사

| | | |
|---|---|---|
| 1 ( | 요일) | |
| 2 ( | 요일) | |
| 3 ( | 요일) | |
| 4 ( | 요일) | |
| 5 ( | 요일) | |
| 6 ( | 요일) | |
| 7 ( | 요일) | |
| 8 ( | 요일) | |
| 9 ( | 요일) | |
| 10 ( | 요일) | |
| 11 ( | 요일) | |
| 12 ( | 요일) | |
| 13 ( | 요일) | |
| 14 ( | 요일) | |
| 15 ( | 요일) | |
| 16 ( | 요일) | |
| 17 ( | 요일) | |
| 18 ( | 요일) | |
| 19 ( | 요일) | |
| 20 ( | 요일) | |
| 21 ( | 요일) | |
| 22 ( | 요일) | |
| 23 ( | 요일) | |
| 24 ( | 요일) | |
| 25 ( | 요일) | |
| 26 ( | 요일) | |
| 27 ( | 요일) | |
| 28 ( | 요일) | |
| 29 ( | 요일) | |
| 30 ( | 요일) | |
| 31 ( | 요일) | |

## 이달의 예산 및 결산

| 항 목 | 예 산 | 결 산 | 예산과의 차이 |
|---|---|---|---|
| 고정수입 | | | |
| 임시수입 | | | |
| 지난달 남은 돈 | | | |
| 예금 인출 | | | |
| 차입금 및 기타 | | | |
| 수입합계 | | | |
| 주식 | | | |
| 부식 | | | |
| 조미료·기타 | | | |
| 외식·기호품 | | | |
| 식비계 | | | |
| 주거·비품 | | | |
| 광열·수도 | | | |
| 의료비 | | | |
| 보건·위생 | | | |
| 육아·교육 | | | |
| 문화·레저 | | | |
| 교통·통신 | | | |
| 남편 교제비 | | | |
| 가족 용돈 | | | |
| 차량 유지비 | | | |
| | | | |
| 저축·보험 | | | |
| 세금·공과금 | | | |
| 지출합계 | | | |

| | |
|---|---|
| 총 예산 | |
| 총 지출 | |
| 다음달 넘길 돈 | |

# 11 November

## 햄버거

### 🍆 재료
햄버거빵 1개, 쇠고기 100g, 양파 1/2개, 빵가루 3큰술, 우유 1큰술, 달걀 1/2개, 소금, 후춧가루, 식용유, 버터 조금씩, 양상추잎 1장, 토마토, 감자튀김, 토마토케첩

### 🥣 만드는 법
1 쇠고기는 살만 곱게 다져 놓는다. 양파는 한 조각만 둥글게 썰어 놓고 나머지는 곱게 다져서 기름 두른 팬에 넣고 약한 불에서 볶는다. 토마토는 둥글게 썰고, 빵가루는 우유에 적셔 놓는다.
2 그릇에 다진 고기와 볶은 양파, 우유에 적신 빵가루, 달걀, 소금, 후추를 한데 섞어 끈기가 나도록 치대어 반죽한다. 치댄 반죽은 둥글납작하게 빚어 가운데가 움푹 들어가게 만든다.
3 팬에 기름과 버터를 둘러 뜨거워지면 고기 반죽을 놓아 지진다. 센불에서 지져 누릇누릇한 색이 돌면 뒤집고 불을 약하게 하여 속까지 잘 익힌다.
4 햄버거빵에 깊게 칼집을 넣고 사이에 버터를 바른 뒤, 양상추잎과 고기, 양파, 토마토를 끼운다. 접시에 햄버거와 감자튀김을 담고 토마토케첩을 곁들어 낸다.

| | 1 ● 요일 | 2 ● 요일 |
|---|---|---|
| 수입 (남은돈) | | |
| 수입합계 | | |
| 식비 | | |
| 생활비 | | |
| 적금 보험 공과금 | | |
| 지출합계 | | |
| 현재 남은 돈 | | |

## MEMO

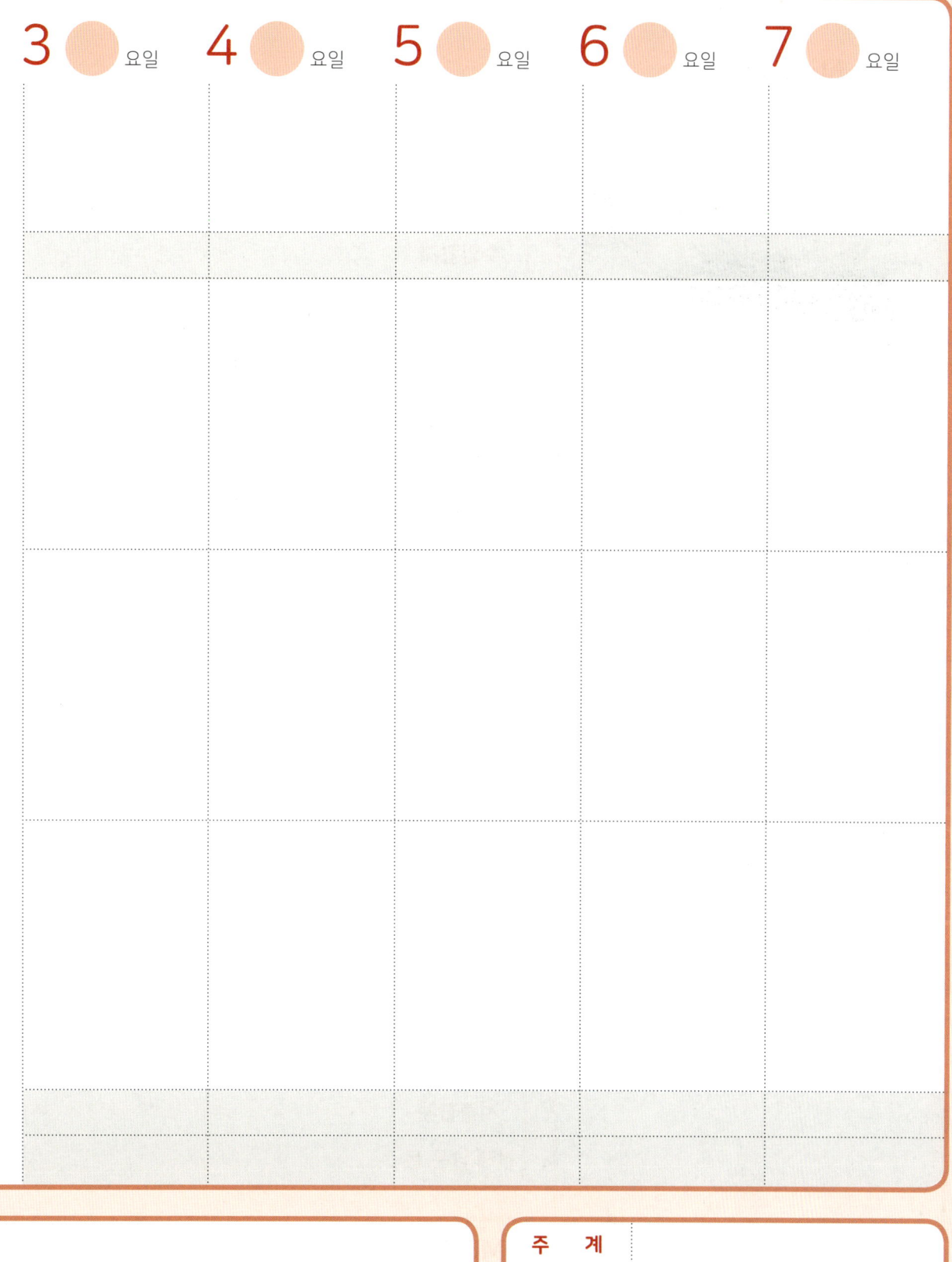

| 3 요일 | 4 요일 | 5 요일 | 6 요일 | 7 요일 |
|---|---|---|---|---|

주 계
누 계
예산잔액

# 11 November

## 부추

부추에는 단백질과 유화합물, 배당체, 지방, 회분, 비타민C, 고밀질 등이 고루 함유되어 있다. 부추는 무쳐 먹기도 하고 된장찌개에도 넣어 먹으며 오이 김치 등에는 반드시 넣어 먹는 식재료이다. 우리 조상들은 소화가 안되거나 식욕이 떨어지면 부추를 넣어 죽을 쑤어 먹었다. 민간요법으로 환자나 병후에는 부추죽을 쑤어 먹이면 회복이 빨라져 식욕을 돋우어 주었다. 전을 만들거나 부추 냉채를 만들면 부추의 향과 맛이 산뜻해서 누구나 즐겨 먹는다. 부추를 먹으면 속을 따뜻하게 해 주고 트림을 자주 하거나 토하는 것을 치료해준다. 코피를 자주 흘리거나 소변에 피가 섞여 나오는 사람이 먹으면 좋은 효능을 거둔다. 냉한 배를 따뜻하게 만들어 주기도 하고 배가 부어 팽창된 것을 치료해 준다. 넘어지거나 높은 곳에서 떨어지거나 물체에 얻어맞아 타박상을 입었을 때 부추 생즙을 아픈 부위에 수시로 발라 주면 통증이 가라앉고 빨리 치료된다.

| | 8 요일 | 9 요일 |
|---|---|---|
| 수입<br>(남은돈) | | |
| 수입합계 | | |
| 식비 | | |
| 생활비 | | |
| 적금<br>보험<br>공과금 | | |
| 지출합계 | | |
| 현재 남은 돈 | | |

**MEMO**

| 10 요일 | 11 요일 | 12 요일 | 13 요일 | 14 요일 |
|---|---|---|---|---|
| | | | | |
| | | | | |
| | | | | |
| | | | | |

| 주 계 | |
|---|---|
| 누 계 | |
| 예산잔액 | |

# 11 November

## 멸치 국물

여름에 시원한 냉국이나 칼국수를 만들어 먹을 때는 국물이 맛있어야 한다. 국물을 낼 때는 멸치를 많이 사용하는데 멸치는 똥을 빼고 물에 넣어서 끓인다. 그런 다음 설탕과 술을 반 찻술 정도 넣고 한번 더 끓이면 맛있는 국물이 된다. 여름에는 냉장고에 넣어 두었다가 냉국수를 만들어 먹어도 맛있다. 국물을 좀 더 오래 보관하려면 우유팩을 깨끗이 씻어 그 곳에 국물을 담아 냉동실에 넣어둔다.

## 멸치 고르는 방법은?

견과류와 함께 볶아 먹으면 영양과 맛을 챙길 수 있는 식재료로 좋은 멸치는 맛을 봤을 때 단맛이 살짝 나며 잔멸치는 색이 희고 맑은 기운이 도는 것이 좋다. 보관할 때는 밀폐용기에 담아 냉동 보관한다.

| | 15 ◯ 요일 | 16 ◯ 요일 |
|---|---|---|
| 수입<br>(남은돈) | | |
| 수입합계 | | |
| 식비 | | |
| 생활비 | | |
| 적금<br>보험<br>공과금 | | |
| 지출합계 | | |
| 현재 남은 돈 | | |

**MEMO**

| 17 요일 | 18 요일 | 19 요일 | 20 요일 | 21 요일 |
| --- | --- | --- | --- | --- |
|  |  |  |  |  |
|  |  |  |  |  |
|  |  |  |  |  |
|  |  |  |  |  |

주　계
누　계
예산잔액

# 11 November

| 자연민간요법 | 사과

### 설사
설사가 심할때는 식사 때마다 사과 2개 정도를 갈아서 식사대용으로 먹는다.

### 불면증, 두통
사과를 깨끗이 잘 씻어서 식후마다 껍질째 오래 먹는다.

| 자연민간요법 | 은행

### 미용
껍질을 제거한 열매를 말려 부드러운 가루를 만들고 꿀이나 계란 흰자로 개어서 자기 전에 손과 얼굴에 바르고 나서 아침에 씻는다.

### 빈뇨
생은행을 잠자기 3시간 전에 3일 정도 먹어두면 잠들기 전에 소변이 많이 나와 밤중에 일어나지 않고도 해결된다고 옛부터 알려져 있다.

| | 22 요일 | 23 요일 |
|---|---|---|
| 수입<br>(남은돈) | | |
| 수입합계 | | |
| 식비 | | |
| 생활비 | | |
| 적금<br>보험<br>공과금 | | |
| 지출합계 | | |
| 현재 남은 돈 | | |

**MEMO**

|  | 29 ◯ 요일 | 30 ◯ 요일 | 31 ◯ 요일 | |
|---|---|---|---|---|
| 수입<br>(남은돈) | | | | |
| **수입합계** | | | | |
| 식비 | | | | |
| 생활비 | | | | |
| 적금<br>보험<br>공과금 | | | | |
| 지출합계 | | | | |
| 현재 남은 돈 | | | | |

**MEMO**

| 주 계 | |
|---|---|
| 누 계 | |
| 예산잔액 | |

# 12월 예산과 결산

## 이달의 행사

| 날짜 | |
|---|---|
| 1 ( 요일) | |
| 2 ( 요일) | |
| 3 ( 요일) | |
| 4 ( 요일) | |
| 5 ( 요일) | |
| 6 ( 요일) | |
| 7 ( 요일) | |
| 8 ( 요일) | |
| 9 ( 요일) | |
| 10 ( 요일) | |
| 11 ( 요일) | |
| 12 ( 요일) | |
| 13 ( 요일) | |
| 14 ( 요일) | |
| 15 ( 요일) | |
| 16 ( 요일) | |
| 17 ( 요일) | |
| 18 ( 요일) | |
| 19 ( 요일) | |
| 20 ( 요일) | |
| 21 ( 요일) | |
| 22 ( 요일) | |
| 23 ( 요일) | |
| 24 ( 요일) | |
| 25 ( 요일) | |
| 26 ( 요일) | |
| 27 ( 요일) | |
| 28 ( 요일) | |
| 29 ( 요일) | |
| 30 ( 요일) | |
| 31 ( 요일) | |

## 이달의 예산 및 결산

| 항목 | 예산 | 결산 | 예산과의 차이 |
|---|---|---|---|
| 고정수입 | | | |
| 임시수입 | | | |
| 지난달 남은 돈 | | | |
| 예금 인출 | | | |
| 차입금 및 기타 | | | |
| 수입합계 | | | |
| 주식 | | | |
| 부식 | | | |
| 조미료·기타 | | | |
| 외식·기호품 | | | |
| 식비계 | | | |
| 주거·비품 | | | |
| 광열·수도 | | | |
| 의료비 | | | |
| 보건·위생 | | | |
| 육아·교육 | | | |
| 문화·레저 | | | |
| 교통·통신 | | | |
| 남편 교제비 | | | |
| 가족 용돈 | | | |
| 차량 유지비 | | | |
| | | | |
| 저축·보험 | | | |
| 세금·공과금 | | | |
| 지출합계 | | | |

| | |
|---|---|
| 총 예산 | |
| 총 지출 | |
| 다음달 넘길 돈 | |

# 12
## December

## 김치스파게티

 **재료**

스파게티국수 150g, 배추김치 1/8포기, 쇠고기 80g, 진간장 1큰술, 다진파, 다진마늘, 설탕, 깨소금, 고춧가루, 후춧가루, 참기름, 버터 1큰술, 식용유

**만드는 법**

1 김치는 알맞게 익은 것으로 준비해 속을 털어내고 물기를 짜서 송송 썰고 쇠고기는 잘게 썰어 둔다.
2 달군 팬에 버터와 식용유를 1큰술씩 둘러 고기 썬 것을 볶다가 색이 하얗게 변하면서 익기 시작하면 김치를 넣어 함께 볶는다.
3 진간장에 파, 마늘, 설탕, 깨소금, 고춧가루, 후추, 참기름을 넣고 고루 섞어 김치 볶는 팬에 넣고 간을 맞추어 가며 더 볶는다.
4 넉넉한 끓는 물에 소금을 넣고 스파게티국수를 방사형으로 펼쳐 넣어 뚜껑을 연채로 가끔 저어가며 삶아 건진다. 물기가 빠지면 버터에 살짝 볶아 그릇에 담고 김치소스를 넉넉히 뿌려낸다.

| | 1 요일 | 2 요일 |
|---|---|---|
| 수입<br>(남은돈) | | |
| 수입합계 | | |
| 식비 | | |
| 생활비 | | |
| 적금<br>보험<br>공과금 | | |
| 지출합계 | | |
| 현재 남은 돈 | | |

**MEMO**

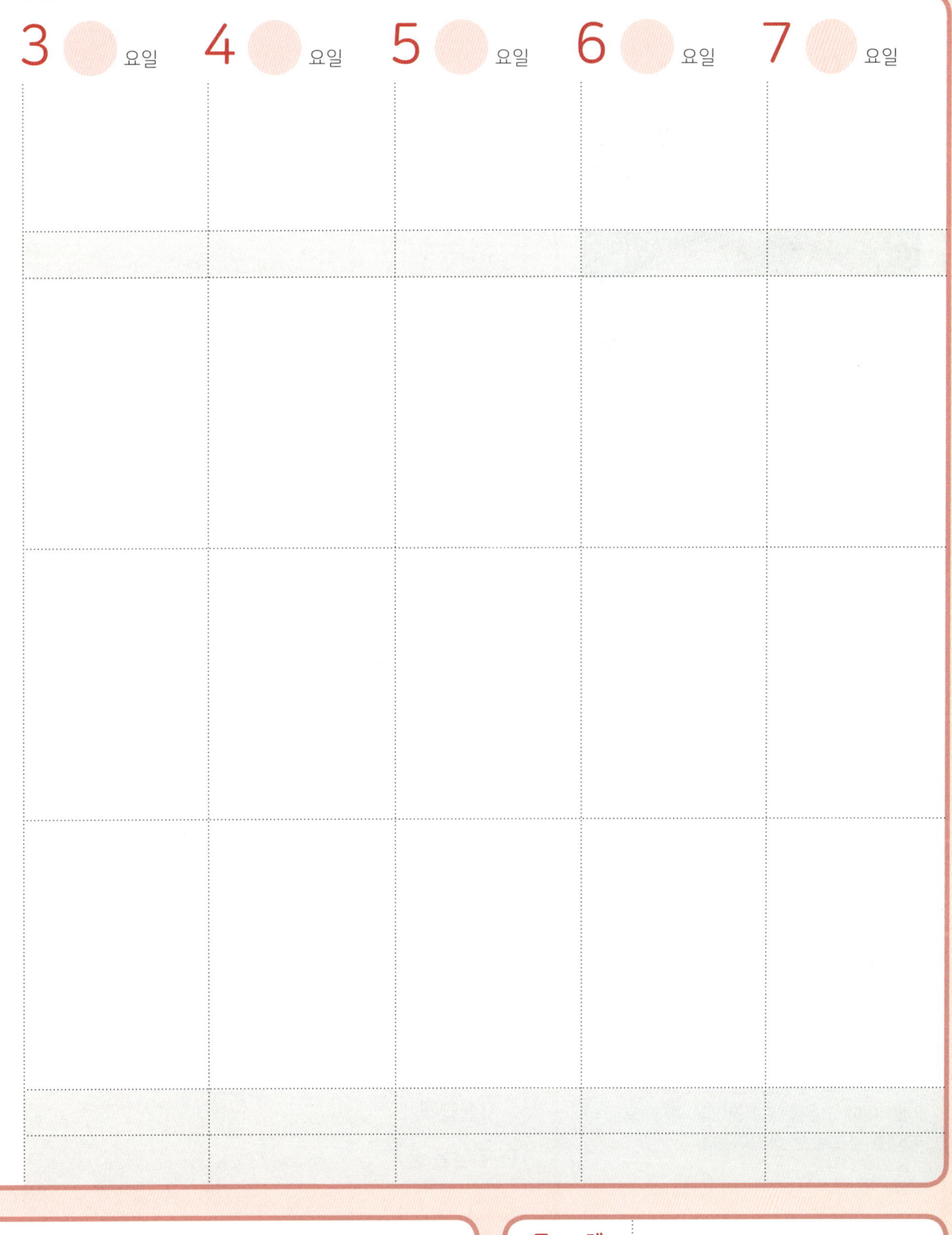

| 3 요일 | 4 요일 | 5 요일 | 6 요일 | 7 요일 |
|---|---|---|---|---|
|  |  |  |  |  |

| 주 계 | |
|---|---|
| 누 계 | |
| 예산잔액 | |

# 12 December

## 대구

대구에는 활혈·소종·지통 효능이 있어 여성의 대하증 치료에 효과가 좋다. 아랫배나 엉덩이가 냉하면서 냉이 흘러 외음부가 가렵거나 붓는 경우에 좋고, 산모의 젖이 잘 돌지 않을 때도 좋다. 대구간유는 불포화도가 높고 맑고 노란 지방유인데 비타민 A, D가 많아 야맹증이나 구루병 등에 좋다. 또 대구간유 속에는 오메가지방산이 풍부해 만성 류머티즘이나 통풍 등 관절염의 염증과 통증을 완화해 준다. 이는 오메가지방산이 우리 몸의 연골 세포를 손상시키는 효소의 활동을 억제하기 때문이다.

## 대구탕을 맛있게 먹는 방법은?

대구로 끓인 맑은 탕 요리로, 대구를 손질해서 깨끗하게 씻는다. 냄비에 물이 끓으면 네모 썰기 한 무를 넣어 육수를 낸다. 미나리는 5cm 간격으로 썰고, 대파와 고추는 어슷썰기해서 준비한다. 육수가 끓으면 대구와 정소를 넣고, 대구 살이 어느 정도 익으면 소금으로 간을 맞추고 준비한 대파, 고추를 넣고 끓인다. 마지막으로 미나리를 넣고 한 번 더 끓여준다.

| | 8 요일 | 9 요일 |
|---|---|---|
| 수입 (남은돈) | | |
| 수입합계 | | |
| 식비 | | |
| 생활비 | | |
| 적금 보험 공과금 | | |
| 지출합계 | | |
| 현재 남은 돈 | | |

**MEMO**

| 10 요일 | 11 요일 | 12 요일 | 13 요일 | 14 요일 |
|---|---|---|---|---|
|  |  |  |  |  |

주 계
누 계
예산잔액

# 12
## December

## 알뜰주부를 위한 생활 속 지혜

### 보온병에서 냄새가 날 때
보온병에 뜨거운 물을 담고 식초를 1~2방울 넣어 밤새 두었다가 다음날 헹궈내면 냄새가 사라진다.

### 딱딱하게 덩어리진 설탕 사용방법
설탕이 봉지에 들어있는 채로 굳었다면 수분을 없애기 위해 햇볕이 잘 드는 곳에 잠시 놓아둔 뒤 손으로 부수어 사용하면 된다. 그릇에 들어있는 설탕은 식빵 조각을 잠시 넣어두면 쉽게 부서진다.

### 주전자 물때 제거
보리 차를 끓일 때 녹차를 한줌 넣으면 물때가 끼지 않는다. 녹차 티백을 버리지 말고 기름기 있는 프라이팬이나 그릇을 닦으면 깨끗해진다.

### 색 바랜 흰색 양말
흰색 면양말을 오래 신으면 아무리 삶아 빨아도 본래의 색을 찾을 수 없게 된다. 이때 레몬 껍질 두어 조각을 물에 넣고 같이 삶으면 양말이 새하얗게 된다.

| | 15 요일 | 16 요일 |
|---|---|---|
| 수입 (남은돈) | | |
| 수입합계 | | |
| 식비 | | |
| 생활비 | | |
| 적금 보험 공과금 | | |
| 지출합계 | | |
| 현재 남은 돈 | | |

### MEMO

| 17 요일 | 18 요일 | 19 요일 | 20 요일 | 21 요일 |
|---|---|---|---|---|
| | | | | |

| 주 계 | |
|---|---|
| 누 계 | |
| 예산잔액 | |

# 12 December

## 셀러리

셀러리는 미나리과에 속하는 식물이다. 셀러리의 가장 귀한 점은 활성 있는 유기성 나트륨을 아주 많이 포함하고 있다는 것이다. 나트륨의 화학적 성분의 하나는 칼슘을 용액상태로 유지할 수 있는 것인데, 셀러리는 이 작용에 아주 중요한 구실을 한다. 생셀러리는 살아있는 유기나트륨을 칼슘보다 4배 이상이나 포함하고 있다. 그러므로 진한 설탕과 전분을 자기 생애를 통해서 계속 섭취하고 있는 사람들에게 이 셀러리즙은 가장 귀중한 것 중의 하나이다. 셀러리와 다른 야채와의 혼합즙은 더 좋은데, 몸의 결핍증이나 다른 병상을 해소시키는데 대단히 좋다. 몇 개의 야채즙을 혼합하면, 그 야채즙 단독 때보다는 전혀 다른 처방을 얻을 수 있다. 신경의 변성 때문에 생기는 신경장애 때는 당근과 셀러리의 혼합즙을 많이 복용하면 정상 상태로 돌아가며 장애를 경감하고 제거할 수 있다.

|  | 22 ○ 요일 | 23 ○ 요일 |
|---|---|---|
| 수입<br>(남은돈) |  |  |
| 수입합계 |  |  |
| 식비 |  |  |
| 생활비 |  |  |
| 적금<br>보험<br>공과금 |  |  |
| 지출합계 |  |  |
| 현재 남은 돈 |  |  |

**MEMO**

| 24 ○ 요일 | 25 ○ 요일 | 26 ○ 요일 | 27 ○ 요일 | 28 ○ 요일 |
|---|---|---|---|---|
|  |  |  |  |  |

| | |
|---|---|
| 주 계 | |
| 누 계 | |
| 예산잔액 | |

|  | **29** 요일 | **30** 요일 | **31** 요일 |
|---|---|---|---|
| 수입<br>(남은돈) | | | |
| 수입합계 | | | |
| 식비 | | | |
| 생활비 | | | |
| 적금<br>보험<br>공과금 | | | |
| 지출합계 | | | |
| 현재 남은 돈 | | | |

**MEMO**

| 주 계 | |
|---|---|
| 누 계 | |
| 예산잔액 | |

### 건강하고 아름다운 몸을 위한
# 파워 비타민 다이어트

## 비만의 위험성
키에 비해 몸무게가 많아지면 몸의 균형이 깨지고 기능이 변한다.
① 몸무게를 지탱해야 할 뼈대가 몸무게에 맞춰 커주지 않기 때문에 허리와 무릎에 병이 생기게 된다.
② 심장의 크기와 성능이 몸무게를 못 따라가기 때문에 심장이 허덕거리게 되어 혈압이 높아진다.
③ 당뇨병이 되기 쉽고, 혈압에도 문제가 생기게 된다.
④ 암(癌)에 걸릴 가능성도 높아진다.

비만은 항상 질병 발생의 위험 인자를 안고 '5D'로 표현하기도 한다.
① **용모손상(Disfigurement)** 맵시가 나지 않는다.
② **불편(Discomfort)** 몸이 가볍지 않아 스스로 불편하다.
③ **무능(Disability)** 관절염, 요통 등으로 활동하기 어렵게 된다.
④ **질병(Disease)** 각종 성인병이 발생하게 된다.
⑤ **사망(Death)** 심한 정도에 따라 사망에 이를 수 있다.

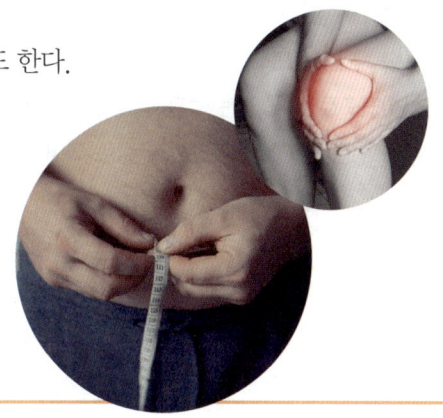

## 고칼로리 식사
양은 적은데 몸 속에 들어갔을 때는 칼로리를 많이 낼 수 있는 식사를 말한다.
① **튀김** 기름이 많이 스며있다.
② **케이크, 쿠키, 초콜릿, 도넛, 유과, 약과** 농축된 고칼로리 식품이다.
③ **깨, 호두, 땅콩** 지방이 50% 정도 들어 있기 때문에 고칼로리 식품이다.
④ **아이스크림** 지방에 설탕이 들어간 것이니 고칼로리 식품이다.
⑤ **음료수, 엿, 요구르트** 수분이 많아서 당분이 희석되어 있기는 하나 소화흡수가 아주 빠르고 에너지 발생에 필수적인 비타민 비콤도 없기 때문에 마시자마자 아주 빠른 시간 내에 체지방(體脂肪)으로 만들어 버린다.
⑥ **사탕, 과자** 섬유질이 없이 고도로 정제된 흰 밀가루에 설탕이 들어가고 수분도 거의 없기 때문에 고칼로리 식품이다.
⑦ **흰밥, 빵, 떡, 국수, 라면** 섬유질이 없고 칼로리가 농축된 데다가 소화흡수도 빨라서 비만을 크게 부채질한다.
⑧ **달걀, 고기** 단백질과 지방 식품이므로 수분이 많기는 하나 고칼로리 식품이다.
* 섬유질과 수분이 적고 설탕과 기름이 많이 들어간 음식은 모두 고칼로리 식품이다.

 건강하고 아름다운 몸을 위한 **파워 비타민 다이어트**

## 저칼로리 식사

수분과 섬유질이 많고 기름과 설탕이 덜 들어있거나 안 들어 있을수록 칼로리가 적다.

1. **현미와 통밀가루** 섬유질이 있기 때문에 같은 양의 흰쌀과 흰밀가루로 만든 음식보다 칼로리가 적다.
2. **잡곡** 흰쌀이나 흰밀가루로 만든 음식에 비해 칼로리가 적다.
3. **콩, 팥** 비만 환자에게 단백질 공급을 위한 필수 식품이며 섬유질과 소화되지 못하는 올리고당이 들어 있어 칼로리를 적당히 내준다. 콩은 두부나 두유로 만들어 먹는 것보다 콩, 팥을 통째로 그냥 먹는것이 영양가도 높고 저칼로리 섭취가 된다.
4. **옥수수, 감자, 고구마** 수분과 섬유질이 많아서 저칼로리 식품이나, 후식이나 간식으로 먹으면 여분의 칼로리가 섭취되므로 식사 때는 먼저 먹고 나서 밥을 먹는 것이 좋다.
5. **채소** 수분이 90% 정도에 섬유질로 되어 있으며 칼로리를 내는 당질과 단백질, 지방은 5% 정도밖에 없기 때문에 아주 저칼로리 식품이다.
6. **과일** 단맛이 몸 안에 들어가서 소화 과정없이 즉각 에너지로 바뀔 수 있는 식품이며 단맛이 강할수록 칼로리가 높다. 식사전에 과일부터 먼저 먹고 배가 부른 다음에 나머지 양을 밥으로 먹는 것은 크게 장려할 일이다.
   * 말린 과일인 곶감, 대추, 건포도, 건살구, 건무화 등은 고칼로리 식품이므로 후식이나 간식으로 이용하지 않는 것이 좋다.
7. **우무, 곤약** 몸 안에서 소화시키는 효소가 없어서 소화기관을 통과하면서 장운동을 촉진하고 장청소를 해주기 때문에 비만환자가 체중을 줄이는데 크게 도움이 된다.

> **POINT** 저칼로리 조리
>
> - 찜이나 구이를 요리 방법으로 사용하면 유지류 섭취를 줄일 수가 있다. 조림은 식사 섭취량을 많게 하므로 요리방법으로 자주 사용하지 않도록 하자. (식욕을 잃지 않기 위해 가끔 사용)
> - 볶음이나 튀김은 가능한 피하고 야채볶음시 물로 볶거나 소량의 올리브유를 권한다. (올리브유는 다른 유지류에 비해 성인병 유발 정도가 낮다고 보고 있다)
> - 생 야채를 섭취할 수 있는 쌈요리나 비빔요리는 자주 권하나 소금 섭취가 많게 되지 않도록 소스 선택시 주의한다.
> - 비만식이요법은 하루아침에 끝나는 것이 아니다. 이전의 식생활로 되돌아가면서 다시 체중이 늘어날 수 있으므로 생활화가 되게 즐길 수 있는 입맛을 잃지 않게 해주어야 한다.

### 체지방을 태우자

1. 햇곡식, 햇과일 등 신선한 재료를 가능한 한 덜 정제 가공하여 조리하자.
   ① 비타민은 체지방을 태우는 촉진제이다.
   ② 식품의 정제 가공 중 에너지 방출 비타민들이 손실된다.
   ③ 흰쌀, 흰밀가루, 흰설탕, 식용유 등의 정제, 가공된 식품을 피하자.

2. 끼니를 거르지 말고 균형 있고 규칙적인 식생활을 하자.

3. 맑은 공기를 마시자.
   ① 땀이 나는 유산소 운동이 체지방을 태우는 데 효과적이다.

4. 기쁜 마음으로 파워 비타민(식품에 함유된 천연 비타민, 자연 그대로의 비타민)을 먹자.

> **POINT 효과를 빠르게 보려면**
> 🍎 아침을 잘 먹고 저녁은 적게 또는 먹지 않는다.
> 🍎 콜레스테롤과 기름진 음식을 줄인다. (고기류, 유제품, 달걀)
> 🍎 끼니는 거르지 말고, 간식은 먹지 않는다.

---

### 비만식이요법(파워 비타민 다이어트)시 참고사항

1. 식품 선택의 기준
   ① 통곡류 및 감자류(보통으로 섭취) ② 콩류 및 견과류(조금 많게 섭취) ③ 채소류(적극적으로 섭취)
   ④ 과일류(보통으로 섭취) ⑤ 유지 및 당류(조금 적게 섭취)

2. 식품 선택의 표준 이해 돕기
   **(1) 통곡류 및 감자류**
   현 미밥 1공기를 기준으로 할 때 1일 3공기 정도 섭취가 적당하다.
   \* 밥 먹기 싫을 때는 감자 3개나 통밀국수 1과 1/2컵을 선택할 수 있음.

# 건강하고 아름다운 몸을 위한 **파워 비타민 다이어트**

### (2) 콩류 및 견과류

메주콩(대두)를 기준으로 할 때 1일(40g) 3큰술정도로 섭취, 견과류는 땅콩 40g 정도가 적당하다.

\* 견과류는 함유된 단백질의 2.5~3배 기름을 함유하므로 신선한 것으로 선택하고 가능한 덜 조리하고 조리 후 바로 섭취하도록 하자.

### (3) 채소류

콩 나물(데친 것으로 1/3컵)을 기준으로 할 때 하루 6번 섭취를 권한다. 생 야채(70g, 2/3컵), 익힌 야채(1/3컵), 김치(60g)의 분량을 하루 6번 선택 할 수 있다.

\* 아침, 점심, 저녁 매 끼니마다 채소류 2가지씩을 선택하며 가능한 신선한 것으로 익히지 않고 생으로 섭취하도록 노력하자.

### (4) 과일류

사과 1/2개를 기준으로 하루 2번 정도 섭취를 권한다.

\* 과일류는 채소류보다 열량이 높아서 과량 섭취하고 싶을 때는 통곡류 및 감자류의 섭취를 줄여서 조절한다. 또한 쥬스류는 피하고 과육과 과일껍질까지 먹도록 하자.

### (5) 유지 및 당류

참 기름, 올리브유 1작은술 기준으로 1일 1회 섭취까지로 양을 줄여라.

\* 유지류 및 당류는 줄이는 것이 원칙이나 입맛을 잃지 않도록 하기 위해 최소량은 허용한다. 가능한 신선한 것으로 사용하고 2번 가열되지 않도록 조심하고 조리 후 첨가하도록 한다.

## 성인을 위한 체중 감량 식단

### 첫째날

**아침** 현미밥 / 미역국 / 잡채 / 고사리 / 콩자반 / 시금치겉절이 / 배추김치 / 무침양념

**점심** 잡곡밥 / 된장두부찌게 / 쌈장 / 쌈밥(다시마, 양배추 등 야채)

**저녁** 호박죽 / 물김치 / 사과

### 시금치겉절이 만들기

**재료**
시금치 1단, 실파 1뿌리, 홍고추 1/2개

**양념장**
고추장 2큰술, 간장 1큰술, 다진마늘 1/2큰술, 레몬즙 1큰술, 생강즙 1큰술, 고춧가루, 참기름, 통깨 약간

**만드는 법**
1 물기를 빼둔 시금치는 알맞은 길이로 썬다.
2 실파는 가늘게 채 썰어 홍고추 썬 것과 합한다.
3 제시한 분량대로 무침 양념을 만들고 유리 대접에 시금치를 넣고 양념을 끼얹어 버무린 후 마지막으로 레몬즙을 뿌린다.

### 쌈장 만들기

**재료**
대두 1/3컵, 양파 1/4개, 파 조금, 다진 마늘 1/2큰술, 간장가루(혹은 간장 2큰술)

**만드는 법**
1 곱게 다진 양파, 피망, 파와 마늘을 함께 냄비에 담는다.
2 미리 불려둔 대두를 간장가루와 함께 믹서에 간다.
3 ①의 냄비에 ②의 곱게 간 대두를 붓고 은근히 끓여 쌈과 함께 예쁘게 담아낸다.
4 기호에 따라 소금이나 고추장을 넣을 수 있으나 간이 짜지 않도록 해야 한다.

### 호박죽 만들기

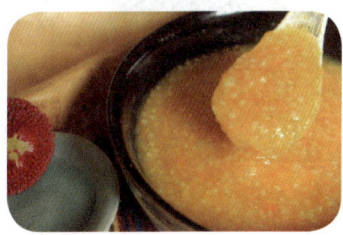

**재료**
늙은 호박(소) 1/2개, 단호박 1/2개, 현미찹쌀가루 1컵, 물 6컵, 소금 약간, 콩(강낭콩) 1/2컵

**준비**
강낭콩은 물에 2시간 불려 삶아둔다. 호박은 깨끗이 씻어 껍질을 벗겨둔다.

**만드는 법**
1 껍질을 벗긴 호박을 잘게 썰어 물을 붓고 푹(으깨지도록) 삶는다.
2 호박이 무르면 삶아 놓은 콩을 넣는다.
3 ②가 끓으면 현미찹쌀가루를 찬물에 개어서 넣어 끓인다.
4 간을 맞추고 어울리는 그릇에 담아낸다.

 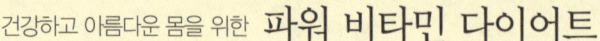

건강하고 아름다운 몸을 위한 **파워 비타민 다이어트**

## 둘째날

**아침** 현미밥 / 양송이버섯구이 / 나물 / 콩나물 국 / 묵

**점심** 메밀국수 / 배추김치

**저녁** 들깨콩죽 / 물김치 / 홍시

### 양송이 버섯구이 만들기

🍆 **재료**

양송이버섯(중) 15~20장, 소금 약간, 올리브유 1/2큰술

🍚 **만드는 법**

1 껍질을 벗긴 양송이를 모양대로 잘라 소금을 뿌린다.
2 팬에 올리부유를 두르고 살짝 구워 낸다.

### 메밀국수 만들기

🍆 **재료**

레몬즙 1큰술, 당근즙 2큰술, 양파즙 1큰술, 다진파, 마늘 1/2큰술, 간장가루 1큰술, 통들깨, 참기름 약간, 메밀국수 400g

🍚 **만드는 법**

1 메밀국수를 삶아서 찬물에 헹군다.
2 당근, 양파, 레몬즙을 낸다.
3 준비한 즙에 나머지 재료를 넣고 고루 섞어 담아낸다.

### 들깨콩죽 만들기

🍆 **재료**

현미찹쌀 1컵, 대두 1컵, 들깨 1/2컵, 소금 1큰술, 물 5컵

🍚 **준비**

현미찹쌀은 4시간 정도 물에 불린다. 대두는 6시간 정도 물에 불린다.

🍚 **만드는 법**

1 물에 불려 둔 현미찹쌀을 믹서에 곱게 간다.
2 불린 콩은 들깨와 함께 믹서에 갈아둔다.
3 콩물을 끓이다가 갈아 놓은 현미찹쌀을 넣고 나무주걱으로 저으면서 끓인다.
4 냄비 중앙에서부터 끓으면 3분 후에 불을 끈다.
5 먹기 직전에 간을 맞춘다.

## 셋째날

**아침** 현미밥 / 미역수제비국 / 두부스테이크 / 미역줄기

**점심** 현미밥 / 순두부(양념장) / 열무김치 / 콩나물

**저녁** 녹두죽 / 물김치 / 배

### 미역수제비국 만들기

**재료**

마른 미역 50g, 다시마(20cm) 2장, 현미쌀가루 10g, 소금, 마늘 조금

**준비**

미역을 물에 불려 깨끗이 씻은 후 건져내어 적당한 크기로 자른다.
물에 다시마를 넣고 15분 정도 끓인 후 건져낸다.

**만드는 법**

1 손질한 미역에 소금 또는 국간장을 넣고 달달 볶은 후 다시마 물을 넣고 끓인다.
2 미역국이 끓으면 현미쌀가루로 수제비반죽을 하여 얇게 떼어 넣는다.
3 마늘을 넣고 소금으로 간을 맞춰 그릇에 담아낸다.

### 열무김치 만들기

**재료**

열무1단, 소금 4큰술, 실파 5대, 마늘(중) 1통, 생강 5g, 양파 1/2개, 고춧가루 1큰술, 통깨 1큰술, 풋고추 2개, 홍고추 5개, 현미찹쌀풀 2큰술

**만드는 법**

1 깨끗이 씻어 둔 열무에 소금간을 하여 살짝 절인다.
2 갈아 둔 마늘, 양파, 홍고추, 생강을 열무를 절인 물 1/2컵과 함께 믹서에 간다.
3 파는 3~4cm로 썰고 풋고추는 채 썬다.
4 열무를 절여서 나온 물 1/2컵 이외의 물은 버리고 절여진 열무를 2,3의 재료와 고춧가루, 통깨를 넣어 살짝 버무려 소금으로 간을 한다.

### 녹두죽 만들기

**재료**

녹두 1컵, 현미찹쌀가루 1컵, 물 3과 1/2컵

**준비**

녹두를 잡티를 골라내고 물에 담가 둔다.

**만드는 법**

1 녹두를 삶아서(씹힐 정도로) 믹서에 물을 붓고 간다.
2 현미찹쌀가루를 넣어 익을 때까지 나무주걱으로 저으면서 끓이다가 다 익을 때쯤 녹두를 부어 한 번 더 끓인다.
3 다 끓어오르면 뜨거울 때 그릇에 담아 소금과 함께 상에 낸다

내 몸이 원하는 스트레칭 체조
# 파워 스트레칭

자료제공 상아스포츠 (www.power365.com)

## Step 1

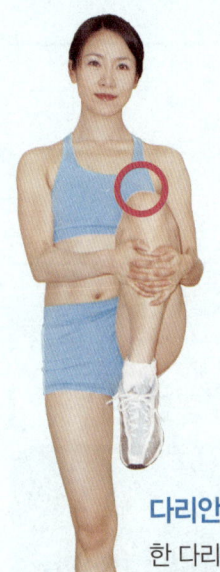

**가슴젖히기**
자리에서 일어나 뒤로 손을 깍지껴서 잡고 고개와 가슴을 뒤로 젖히면서 상체를 앞으로 민다.

**어깨당기기**
한쪽 팔을 가슴 앞으로 들고 반대쪽 손등을 그 팔뚝 위에 걸고 몸 쪽으로 잡아 당긴다.

**다리안기**
한 다리를 접어올려 두 손으로 감싸안고 가슴 앞으로 당겨준다.

**팔꿈치 누르기**
양팔을 머리 위로 구부린 상태에서 한쪽 팔꿈치를 뒤로 눌러준다.

**몸펴기**
선 자세에서 다리는 어깨 너비 만큼 벌리고 손은 깍지를 끼고 위로 쭉 편다.

### 다리 접어 당기기
한 팔은 가슴높이에서 옆으로 들고 균형을 잡으면서 다른한 손으로같은쪽 다리를 뒤로 접어 발목을 잡고 엉덩이에 붙인다.

### 등펴서 앞으로 굽히기
다리를 약간 벌리고 선 자세로 몸을 곧게 세우고 손은 뒤에서 깍지를 낀다. 등을 곧게 펴고 턱을 약간 든 상태로 상체를 천천히 앞으로 구부려 등에 힘이 들어가도록 한다. 손은 곧게 등 뒤에서 올린다.

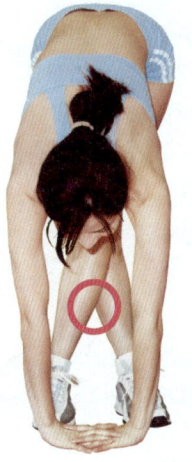

### 두다리 꼬고 상체 굽히기
선 자세에서 두 다리를 꼬고 상체를 앞으로 굽힌다. 무릎이 구부러지지 않도록 한다.

### 상체 앞으로 구부리기
선 자세에서 양손에 깍지를 끼고 상체를 앞으로 구부린다.

### 어깨, 내전근 늘리기
다리를 넓게 벌리고 직각으로 앉는다. 무릎위에 양손을 얹고 좌우로 골반을 밀면서 넓적다리 안쪽 근육이 늘어나도록 한다.

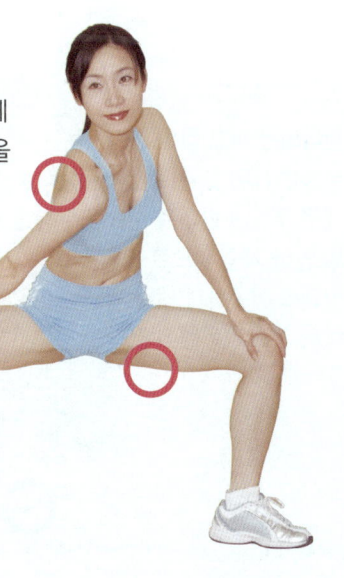

### 손목꺾기
한 팔을 쭉 펴서 손목을 가슴 앞으로 잡아당긴다. 손목은 위아래로 부드럽게 꺾어준다.

# Step 2

**팔 반대편으로 당기기**
한쪽 어깨를 뒤로 들고 반대쪽으로 손을 잡아 머리 뒤로 당겨준다.

**다리 늘리기**
한 다리는 앞으로 쭉 뻗고 다른 한 다리는 구부려 발을 잡고 고개를 앞으로 숙인다.

**엎드려서 상체들기**
엎드린 자세에서 양팔을 어깨 너비로 벌려 앞으로 쭉 뻗고 가슴 앞에서 짚고 상체를 천천히 들어올린다. 복직근이 충분히 늘어날 수 있도록 하며 코로 숨을 들이마신다. 입으로 숨을 내쉬면서 천천히 처음 자세로 돌아온다.

**엎드리기**
무릎을 양옆으로 넓게 벌리면서 구부려 앉은 자세에서 팔을 앞으로 쭉 뻗으면서 편안하게 엎드린다.

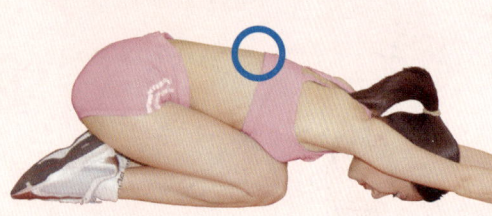

**척추 비틀기**
한다리는 펴고 다른 한다리는 무릎을 세워 그 위로 접어앉는다. 세운 무릎의 반대쪽 손으로 무릎을 싸 안아 가슴 앞으로 당겨주고 상체를 꼿꼿하게 세워 세운 다리 쪽으로 몸을 비튼다.

**다리 구부려 안기**
누워서 두 다리를 가슴 앞으로 안아 당긴다. 고개를 앞으로 숙이고 등을 동그랗게 만들고 앞뒤로 흔든다.

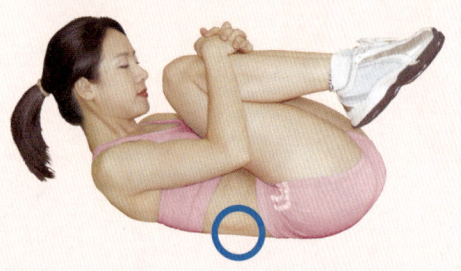

### 앉아서 상체 구부리기
두다리를 벌리고 앉은 상태에서 상체를 오른쪽 다리 쪽으로 구부려준다.

### 다리 뒤로 펴고 상체 뒤로 젖히기
앞다리는 구부리고 뒤쪽 다리는 펴고 앉은 자세에서 상체를 뒤로 젖혀준다.

### 한다리 잡아 당기기
누워서 한 다리를 잡아당겨서 가슴 앞으로 안으면서 머리를 무릎에 댄다.

### 몸 비틀기
앉은 자세에서 한쪽 팔을 반대 편 허벅지에 잡고 몸을 비틀어 뒤를 본다.

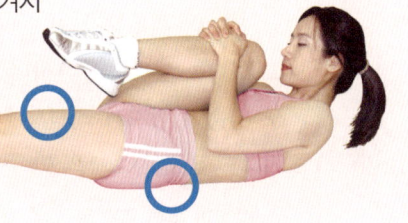

### 턱 밀어올리기
두 손을 깍지 낀 상태에서 엄지를 턱밑에 대고 턱을 위로 밀어 올려준다.

### 엉덩이와 팔 들기
양다리를 옆으로 벌리고 앉아서 오른손을 머리 위로 들고 왼손은 뒤로 짚고 엉덩이를 앞으로 밀듯이 하면서 위로든다.

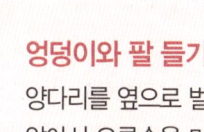

### 한다리 돌려 바닥에 닿기
누워서 한 다리를 수직으로 하고 그 상태에서 골반을 돌려 옆으로 내린다. 반대쪽 손으로 무릎을 눌러 무릎이 바닥에 닿도록 하고 고개는 돌린 다리의 반대쪽으로 본다.

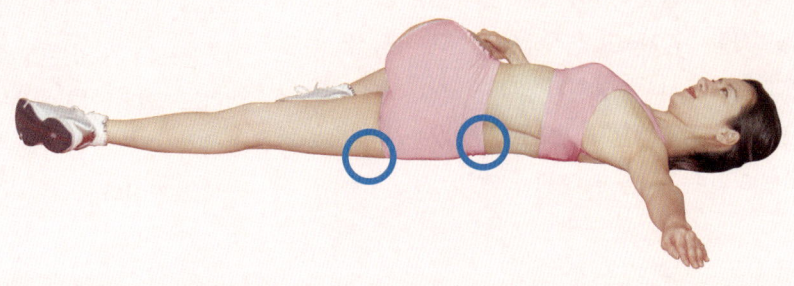

## 누구나 쉽게 찾아볼 수 있는
# 증상별 쾌속 자가진단

### 🩺 편두통
머리가 욱신욱신 아프고 구역질이 난다.

> **증상** | 관 자놀이, 눈 안쪽, 옆머리가 아프다. 한 쪽 머리만 아플 때가 많지만, 양쪽 모두 아플 때도 있다.
> **주의사항** | 두 통이 났을 때 마사지, 목욕, 운동, 음주를 하거나 진통제를 과잉 섭취하면 안 된다.
> **진료과** | 두통외래, 신경외과, 신경내과

편두통은 대표적인 혈관성 두통으로 그 증상이 욱신거리는 두통일 때가 많다. 두근두근하는 심장박동에 맞춰 머릿속이 맥이 뛰듯이 욱신거린다. 구역질이나 구토 증상이 두통과 함께 나타나는 경우도 종종 있다. 편두통이 있는 사람은 오랜 기간에 걸쳐 심한통증으로 괴로워한다. 10년 넘게 편두통으로 고생하는 사람들이 많으므로 효과적인 관리가 중요하다.

※ 오랜 세월 동안 편두통으로 괴로워하고 있다면 새로운 치료법을 시도해 보자.

### 🩺 뇌수막염
감기로 머리가 이렇게 아픈 적은 처음이다.

> **증상** | 두통과 함께 열이 나고, 통증이 점점 더 심해져 머리를 움직일 수 없게 된다.
> **주의사항** | 감기라고 생각해서 병원에 가지 않았다가 치료시기를 놓치기 쉽다.
> **진료과** | 응급실(혼자 힘으로 병원까지 가기가 어렵다면 구급차를 부르자!)

뇌수막염은 뇌를 덮고 있는 수막에 세균이나바이러스가 감염되어 염증을 일으키는 질환이다.
치료가 늦어지면 뇌병변으로 진행되어 생명을 잃거나 후유증이 남을 수도 있다. 머리를 흔들거나 움직이면 머리 전체가 참을 수 없이 아픈 것이 특징이다.
열이 나면서 두통이 있기 때문에 처음에는 감기라고 생각하는 경우가 흔하다. 증상이 진행되면 뇌에도 염증이 퍼져서 의식장애, 경련, 마비, 저림, 현기증 등의 신경계통의 이상 증세가 나타난다.

※ 발열과 두통 증상을 '단순한 감기'라고 생각해서는 안 된다.

### 🩺 뇌종양
아침에 일어날 때 두통을 느낀다.

> **증상** | 아 침에 눈을 뜨면 머리가 아프다. 잠자리에서 일어나 시간이 잠시 지나면 통증이 사라진다. 머릿속에서 종양이 자라 머리 안의 압력이 높아져서 발생한다.
> **주의사항** | 통증이 나았다고 해서 진찰받는 일을 미루면 안 된다.
> **진료과** | 신경외과

뇌종양이라고 해서 반드시 두통이 나는 것은 아니다. 두통은 뇌종양의 발생을 알리는 신호중 하나일 뿐이다. 뇌종양 환자에게 특수한 패턴의 두통이 발견되는 경우가 있는데, 이 두통을 '조조(早朝) 두통'이라고 한다. 아침에 눈을 뜨면 두통이 나지만 일어나서 세수를 하다보면 저절로 통증이 사라지는 것이 특징이다.

머릿속에 종양이 자라서 머릿속의 압력이 높아지기 때문에 일어난다. 그래서 잠이 깨어 자리에서 일어나면 머릿속의 압력이 조금 낮아져서 통증이 가시게 된다.

※ 누워 있으면 머리가 아프다가 자리에서 일어나면 통증이 가라앉는 두통은 매우 위험한 신호이다.

## 심근경색

갑작스러운 가슴의 통증과 구역질이 계속된다.

> **증상** | 고혈압이나 고(高)콜레스테롤, 당뇨병, 흡연 등에 따른 심장혈관의 동맥경화가 원인으로 갑자기 가슴에 통증이 오기 시작해서 20분 이상 계속된다.
> **주의사항** | 통증이 느껴지지 않을 때도 많고, 가슴이 편치 않거나 조이는 느낌이 든다든지 호흡곤란, 식은땀, 구역질, 구토 증상이 나타날 때도 있다. 목과 어깨, 목구멍, 턱, 배 등 어디에서 통증을 느끼는지 알 수 없다.
> **진료과** | 응급실에 가거나 구급차를 부른다.

동맥경화로 굳어버린 혈관을 혈액 덩어리가 막으면 혈액이 흐르지 않게 된다. 이런 상태가 심장으로 가는 혈관에서 일어나면 그것이 바로 '심근경색'이다. 혈액이 흐르지 않으면 심장의 세포가 죽게 되므로 목숨을 잃을 수도 있는 병이다.

고혈압이나 당뇨병이 있는 사람, 콜레스테롤 수치가 높은 사람, 흡연자는 주의해야 한다. 갑작스러운 가슴의 통증이 20분 이상 계속된다면 심근경색일 가능성이 있다.

호흡곤란이나 식은땀, 가슴의 불쾌감 또는 조이는 느낌, 구역질, 구토 등이 나타나는 경우도 적지 않고, 아예 통증을 느끼지 않을 때도 많다.

※ 고혈압, 당뇨병 등이 있는 사람의 경우 갑자기 시작된 통증이나 무겁게 누르는 느낌이 20분 이상 계속되면 매우 위험한 신호이다.

## 공황장애

갑작스럽게 가슴이 두근거리고 강렬한 불안감이 찾아온다.

> **증상** | 일상생활 중에 불안감이 느껴지면서 동시에 심하게 가슴이 두근거린다. 현재의 장소에서 벗어나고 싶어도 그럴 수 없는 상황에 처해 있을 때 흔히 나타난다.
> **주의사항** | 조기에 치료하지 않으면 일상생활에서 큰 지장을 받아 우울증으로 발전할수도 있다.
> **진료과** | 신경정신과

공황장애 증상의 특징은 아무 일 없이 일상생활을 하던 중에 일어나며, 강한 불안감이 동반 되고, 심장이 강하게 두근거린다. 공황장애가 일어나는 상황은 사람마다 다르다. 출퇴근 시 전철 안이나 정체된 도로의 차 안에 있는 경우, 비행기를 타고 있을 때와 같이 그 장소에 빠져나오려 해도 자신의 힘으로는 벗어날 수 없는 상황에서 공황장애를 일으키는 사람이 많았다.

치료를 서두르지 않으면 점점 더 일상생활에 지장을 초래해 우울증으로 발전할 가능성도 있다.

※ 가슴 두근거림과 강렬한 불안감을 느낀다면 신경정신과에서 진찰을 받아보자.

## 폐렴

기침이 오래 계속되고 열이 내리지 않는다.

> **증상** | 38℃가 넘는 고열이 계속되거나 1주일 이상 기침이 낫지 않는다. 세균 바이러스, 진균(곰팡이균)등에 의한 감염.
> **주의사항** | 폐렴 초기와 감기를 구분하기가 매우 어렵다.
> **진료과** | 내과

폐렴은 흔히 볼 수 있는 병이지만 목숨을 잃을수도

있는 중대한 병이기도 하다. 폐렴 초기 상태와 감기를 구분하기가 매우 어렵다.
열이 38℃ 이상이거나 1주일이 지나도 열이 내리지 않을 때는 반드시 병원에 가서 진찰을 받아 보는 것이 좋다.

※ 감기가 폐렴으로 악화되는 경우도 있다. 감기일 때는 무리하지 말자.

## 백혈병

미열이 계속되며, 잇몸에서 출혈이 그치지 않는다.

> **증상** | 몸이 노곤하고 미열이 계속된다. 코피, 출혈이 잘 멈추지 않는다. 백혈구가 비정상적으로 증식해서 발병한다.
> **주의사항** | 감기나 피로로 여기가 쉽다.
> **진료과** | 혈액종양내과

몸이 피곤하고 미열이 계속될 때는 '백혈병'일 가능성이 있다. '백혈명'은 백혈구가 비정상적으로 증식하는 병으로, '혈액의 암'이라고도 부른다. 만약 백혈병인 줄 모르고 아픈 몸을 계속 방치해 두면 다음과 같은 증상이 더해진다.

- 조금 움직여도 숨이 금방 가빠진다.
- 코피가 나거나 잇몸 또는 피부밑(皮下)에서 출혈이 나타난다.
- 고열이 난다
- 미열이 계속되거나 몸이 계속 노곤할 때는 감기라고 자가진단해서 방치하지 마라.

※ 왠지 모르게 몸 상태가 계속 안 좋을 때는 먼저 내과를 찾아가보자.

## 폐결핵

기침과 미열이 계속되고 체중이 감소한다.

> **증상** | 기침과 미열이 계속된다. 결핵균에 감염되어 발생한다.
> **주의사항** | 감기와 증상이 비슷해 구별하기가 힘들다. 폐결핵은 장기간 꾸준히 약을 먹어서 치료해야 한다.
> **진료과** | 호흡기내과, 감염내과

폐결핵의 증상은 감기와 거의 비슷하게 시작된다. 따라서 증상만 가지고 감기인지 폐결핵인지를 구별하기는 매우 어렵다. 가장 큰 차이점이라면, 감기가 자연히 낫는 병인데 비해 폐결핵은 장기간 약을 복용해서 치료해야 한다는 것이다.
폐결핵이 다른 사람에게 전염되지 않도록 가능한 빨리 치료를 시작하는 것이 중요하다.
기침이 3주 이상 계속된다면 반드시 정확한 원인을 살펴봐야 한다. 상태를 지켜보거나 같은 치료만 계속 받을 게 아니라 반드시 기침의 원인을 다시 생각해볼 필요가 있다.

※ 기침이 낫지 않고 오래도록 계속된다면, 한번쯤은 호흡기내과를 찾아가 진찰을 받아보도록 한다.

## 알레르기성 비염

맑은콧물과 기침이 나오고, 몸이 노곤하며 눈이 가렵다.

> **증상** | 꽃가루, 집 먼지, 애완동물의 털 등으로 콧물, 재채기기가 나오고 눈이 가렵다.
> **주의사항** | 되도록 알레르기의 원인이 되는 물질을 피한다.
> **진료과** | 이비인후과, 알레르기내과

알레르기성 비염에 의한 증상의 특징은 콧물이 나고, 코가 간지러우며, 재채기가 난다. 알레르기성 비염을 일으키는 물질은 꽃가루 외에도 여러 가지가 있는데, 집 먼지와 애완동물의 털이 대표적이다. 알레르기성 비염을 예방하는 가장 좋은 방법은 알레르기를 일으키는 물질과 접촉하지 않는 것이지만, 이비인후과나 알레르기내과를 찾아가 상담을 받아 보기를 바란다.

※ 기침이 오래도록 계속된다면 알레르기를 일으키는 물질이 주위 어딘가에 있을지도 모른다.

## 식도암
고기를 먹으면 가슴이 메는 듯한 느낌이 든다

> **증상** | 초기에는 자각증상이 거의 없다. 병이 진행됨에 따라 고기 등 딱딱한 음식을 먹으면 가슴이 메는 것 같은 느낌이 든다.
> **주의사항** | 식도에 생긴 종양.
> **진료과** | 소화기내과

식도암은 초기에는 거의 자각증상이 없지만, 병이 진행됨에 따라 점점 증상이 나타나게 된다. 가능한 한 자각증상이 드러나기 전에 종합건강검진을 통해 발견하는 것이 좋다. 담배와 술을 좋아하는 사람은 특히 식도함에 주의해야 한다.

### 식도암의 자가증상 단계
1. 음식을 먹을 때 가슴이 따끔거리는 느낌이나 답답한 느낌이 든다.
2. 고기와 같은 딱딱한 음식을 먹으면 가슴이 막힌다.
3. 딱딱한 음식뿐만 아니라 물 같은 액체도 삼키기가 힘들어진다.

식도암은 초기에 발견하는 것이 중요하므로 음식물이 가슴 부근에서 메는 듯한 느낌이 들 때는 두말할 필요 없이 병원에 가야 한다.

※ 식도암 초기에는 자각증상이 거의 없으므로 1년에 한 번은 위내시경 검사를 받자.

## 당뇨병
양쪽 발끝이 저리다

> **증상** | 발끝의 저림, 손끝의 저림 증상이 있다. 고혈당이 계속되면 신경이 손상을 입는다.
> **주의사항** | 높은 혈당치를 방치하지 말 것
> **진료과** | 내과, 내분비내과, 가정의학과, 안과에서 망막 검사도 함께 받는다.

손발이 저리기 시작했다면 중증 당뇨병일 수도 있다. 건강진단에서 혈당치가 높다고 지적을 받았을 때 제대로 치료를 한다면 당뇨병을 방지할 수 있다. 건강진단에서 '혈당치가 높다'라는 결과가 나왔다면 반드시 내과나 내분비내과 또는 가정의학과를 찾아가 진찰을 받아야 한다. 정기적으로 병원에 가야하므로 집이나 직장에서 가까운 곳을 선택하는 것이 좋을 것이다. 저림 증상이 나타났을 때까지 병을 방치해서는 안 된다.

※ 혈당치가 높은 사람은 신경이나 망막에 이상이 나타나기 전에 치료를 받자.

## 폐색성 동맥경화증
걸을 때 한쪽 장딴지에 통증을 느낀다.

> **증상** | 동맥경화 때문에 다리로 향하는 혈관이 좁아진 것으로, 자세와는 상관없이 걸으면 다리가 저리거나 아프다.
> **주의사항** | 나이 탓으로 생각하기 쉽다.
> **진료과** | 소화기내과, 혈관외과

폐색성 동맥경화증은 동맥경화로 인해 다리로 향하는 혈관이 좁아져서 일어난다. 안정을 취하고 있을 때는 증상이 나타나지 않지만, 걷거나 운동을 해서 다리에 혈액이 많이 필요하게 되면 저림이나 통증을 느낀다.
동맥경화로 인해 생기는 병이기 때문에 고혈압이

나 당뇨병이 있는 사람, 혈중 콜레스테롤 수치가 높은 사람, 흡연자는 특히 주의해야 한다.

※ 방치해 두면 혈관이 더욱 좁아진다. 빨리 치료를 받도록 하자.

## 위암

위장약을 먹어도 계속 위가 아프고, 점점 체중이 준다.

> **증상 |** 몸무게가 줄어들고 위의 상태가 좋지 않다(위가 아프다).
> **주의사항 |** 위산을 억제하는 약을 먹어도 통증이 사라지지 않는다. 특별한 자각증상이 없어도 1년에 한 번은 위내시경 검사를 받도록 하자.
> **진료과 |** 소화기내과

위암에 걸려도 초기에는 자각증상이 없는 경우가 많아서 아무런 증상이 없을 때 건강진단을 받다가 위내시경 검 등을 통해 발견될 때도 있다. 병이 진행되면 점점 위 주변(상복부)에 이상을 느끼기 시작하는데, 이러한 증상만 가지고 위암인지 아닌지를 판단할 수 없다. 위염이나 위궤양과 구별하기가 매우 어렵기 때문이다.

위산을 억제하는 약으로는 통증이 가라앉지 않고, 몸무게가 줄어든다면 위암을 의심해 볼 수 있다. 특별한 자각증상이 없더라도 1년에 한 번은 위내시경 검사를 받아보는 것이 바람직하다.

※ 위내시경이라고 하면 '매우 고통스럽다'는 이미지가 있지만, 수면내시경이나 코내시경 등 고통이 거의 없는 검사도 이미 실용화되었다.

## 급성 충수염

오른쪽 하복부에 격렬한 통증이 있고 구역질, 발열 증상이 있다.

> **증상 |** 오른쪽 하복부 부근의 격렬한 통증, 구역질, 발열이 있고, 위 부위가 아플때도 있다.
> **주의사항 |** 증상이 다양해서 그냥 내버려두기 쉽다. 충수가 파열되면 복막염을 일으켜 생명을 잃을 수 있다.
> **진료과 |** 내과, 일반외과(중대한 병일 가능성도 있으므로 가능하면 종합병원을 이용한다).

급성 충수염은 흔히 '맹장염'으로 알고 있지만, 그것은 정확한 질환 명칭이 아니다. 급성 충수염은 증상이 매우 다양하기 때문에 흔한 병임에도 불구하고 진단하기가 어렵기로 유명하다. 먹거나 마시는 것과 관계없이 아프고, 이유를 알 수 없이 쿡쿡 찌르는 통증이 계속되며, 위장 약이 효과가 있다. 통증을 참고 내버려두면 부어오른 충수가 파열 되면서 배 속에 세균이 퍼져 복막염을 일으키며 강렬한 복통을 유발한다. 그러면 생명을 잃을 수도 있다.

※ 위장약이 듣지 않는 위 주변의 통증은 중대한 병일 가능성 있다.

## 갑상샘기능항진증

먹어도 살이 빠지며, 가슴이 두근거리고 손이 떨린다.

> **증상 |** 식욕이 왕성해서 열심히 먹는데도 살이 빠진다. 맥박이 빨라지고 땀을 많이 흘리며 손이 떨린다.
> **주의사항 |** 흔히 여성이 걸리는 병이라는 인식이 강하지만, 남성 환자도 드물지 않다.
> **진료과 |** 내분비내과

잘 먹는데도 살이 빠진다는 것은 어딘가에 이상이 있다는 뜻이며, 그런 병 중 하나가 '갑상샘 기능항진증'이다.

갑상샘기능항진증에 걸리면 갑상샘 호르몬이 지나치게 많이 분비되어 전신의 대사가 활발해 진다. 그래서 아무리 먹어도 살이 빠지는 현상이 나타난다. 또 맥박이 빨라져 심장이 두근거리며, 더위를 잘 타서 땀을 많이 흘릴 때도 종종 있다. 본인 스스로 이유를 알 수 없는 짜증을 느낄 때도 많다.

※ 아무리 먹어도 살이 빠지는 경우에는 뭔가 병에 걸렸을 가능성이 있다.

## 갑상샘기능저하증

늘 피곤하고 비정상적으로 추위를 타며 식욕이 없는데도 살이 찐다.

> **증상** | 몸이 피로해서 움직이기 싫고, 추위를 심하게 탄다. 식욕은 없는데 살이 찌고 변비 증상이 있다.
> **주의사항** | '나이 탓'이라고 생각하고 넘어갈 때도 많다.
> **진료과** | 내분비내과

갑상샘기능저하증은 갑상샘 호르몬의 분비가 줄어서 증상이 생기는 병이다. 갑상샘 호르몬은 신체의 신진대사에 관여하는 호르몬으로, 이것이 부족해지면 신진대사가 저하되어 다음과 같은 증상이 나타난다.

· 몸이 피곤해서 움직일 수 없다.
· 추위를 심하게 탄다.
· 식욕은 없는데 살이 찐다.
· 변비가 생긴다.

※ 그다지 많이 먹지도 않는데 살이 찔 때는 갑상샘 기능 저하증일 가능성이 있다.

## 방광염

배뇨시에 따끔거리고 잔뇨감이 강하게 느껴진다.

> **증상** | 소변을 볼 때 따끔거리고, 소변이 탁하다. 대장균이 요도를 통해 방광으로 들어가 방광의 점막이 감염되어 발생한다.
> **주의사항** | 수분을 충분히 섭취한다. 화장실에 가고 싶을 때 바로 갈 수 있는 환경을 만든다.
> **진료과** | 비뇨기과(비뇨기과에 거부감이 있다면 내과에 가거나 여성인 경우 산부인과도가능)

방광염에 걸리는 사람은 대부분 여성이다. 대장균이 항문에서 요도를 통해 방광으로 들어가 점막에 감염되는 경우가 대부분이다.

방광염에 걸렸을 때 느끼는 자가증상의 특징은 잔뇨감이 있어 금세 화장실에 가고 싶어지고, 소변을 보려고 하면 아프다. 그리고 탁한 소변이나 혈뇨가 나온다. 방광염에 걸렸을 때는 방광 점막에서 세균이 활개를 치는 상황이기 때문에 치료와 예방을 위해서는 수분을 충분히섭취하는 것이 가장 중요하다.

※ 방광염이 자주 반복되는 때는 비뇨기과를 찾아 갈 필요가 있다.

## 유방암

유방에 1cm정도의 아프지 않은 딱딱한 멍울이 있다.

> **증상** | 유방에 울퉁불퉁하고 딱딱한 멍울이 있다. 특별히 아프거나 하는 자각증상은 없다.
> **주의사항** | '내가 발견한다'라는 의식이 없으면 유방암이라는 사실을 알게 되었을 때 이미 암이 상당히 진행된 경우가 많다.
> **진료과** | 유방외과, 일반외과(유방암에 관한 진료과는 부인과가 아니다).

유방암은 모든 여성에게 걸릴 가능성이 있기 때문

에 20세를 넘은 여성이라면 누구나 주의를 기울여야 한다. 유방암을 조기에 발견하기 위해서는 1년에 한번은 유방암 검사를 받고, 한 달에 한 번은 자가검진을 하는 것이 좋다.

### 유방암 자가검진 방법

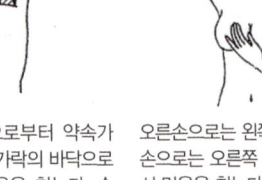

집게손가락으로부터 약속가락까지 세 손가락의 바닥으로 누르듯이 멍울을 찾는다. 손가락으로 집어 보면서 찾아서는 안 된다.

오른손으로는 왼쪽 가슴을 왼손으로는 오른쪽 가슴을 만져서 멍울을 찾는다.

※ 지금도 계속 증가하고 있는 여성의 유방암 조기 발견을 위해 노력하자!

## 🩺 뇌경색

손발에 힘이 들어가지 않고 혀가 잘 안 움직인다.

**증상 |** 같은 쪽 손발에 힘이 들어가지 않는다. 저림증상이 있고, 혀가 잘 움직이지 않으며, 침을 흘린다. 뇌의 혈관이 막혀서 발생한다.
**주의사항 |** 증상이 가벼워도 뇌경색을 일으키는 경우가 있다.
**진료과 |** 신경외과, 신경내과

'오른손, 오른발' 또는 '왼손과 왼발'처럼 같은 쪽의 손발에 힘이 들어가지 않게 되는 것을 '편측마비'라고 부르는데, 이것은 뇌경색이나 뇌출혈과 같이 생명을 위협할 수 있는 뇌의 장애를 의심하게 하는 중요한 자각증상이라 볼 수 있다.
이 중에서도 '뇌경색'은 뇌의 혈관이 막혀서 혈액이 흐르지 않게 됨에 따라 뇌세포가 죽어가는 병으로, 동맥경화가 진행되고 있는 사람, '심방세동'이라는 부정맥을 앓고 있는 사람에게 일어나기 쉽다.

### 심방세동과 뇌경색의 관계

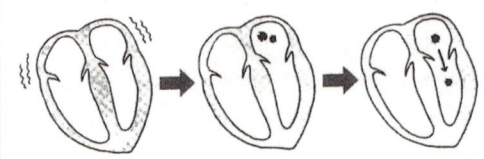

1. 심방세동(심방이 수축하지 않고 가늘게 떨리는 상태)
2. 수축되지 않는 심방속에서 혈액이 정체되어 혈액덩어리가 만들어진다.
3. 그 혈액덩어리가 어떤 이유로 '심장' 밖으로 보내져 뇌혈관을 막아 뇌경색을 일으킨다.

※ '오른손과 오른발' 또는 '왼손과 왼발'이 마비되었다면, 뇌에 이상이 있을 가능성이 크다.

## 🩺 대상포진

통증을 동반한 발진이 돋는다.

**증상 |** 신경이 지나가는 길을 따라 통증을 느끼고 발진이 생긴다. 수두 바이러스가 몸 속에 남아 있다가 체력이 약해졌을 때 다시 활동을 시작하면서 발병한다.
**주의사항 |** 먼저 통증만 느끼다가 얼마 후에 발진이 나는 경우도 종종 있다.
**진료과 |** 피부과(통증이 오래갈 때는 통증클리닉에 간다)

대상포진은 어린 시절에 걸렸던 수두 바이러스가 몸속에 남아 있다가 체력이 약해졌을 때 다시 활동을 시작해서 발병한다.
이 바이러스는 신경을 통해 움직이기 때문에 신경이 지나가는 길을 따라, 대표적인 두 가지 특징(신경통을 느낀다. 발진이 난다)을 보인다. 통증의 정도는 다양해서, 참을 수 없을 만큼 아플 수도 있다.
발진이 사라진 뒤에도 통증이 가라앉지 않는 경우도 드물지 않다.

※ 통증을 느끼는 특수한 유형의 피부병이지만, 일상에서 흔히 접할 수 있는 병이다.

## 우울증

새벽에 눈이 떠지고, 그 뒤로 잠을 이루지 못한다.

> **증상** | 아침 일찍 눈이 떠지고, 잠을 잘 수가 없다. 계속 기분이 침울해지고, 매사에 흥미가 없으며, 성욕이 사라진다. 두통, 요통, 피로감
> **주의사항** | 특별한 병이 아니라 누구에게나 나타날 수 있다.
> **진료과** | 정신과, 신경정신과

'우울증'은 자살의 가능성도 있는 매우 위험한 증상이다. 우울증은 누구에게나 나타날 수 있다. 아침 일찍 눈이 떠진다면 우울증일 가능성이 있다. 몸이 굉장히 피곤하고 수면 시간도 부족한데, 이상하게 아침 일찍 눈이 떠지는 것이다. 조금 더 자고 싶어도 잠이 오지 않고, 머릿속에서 여러 가지 생각이 맴돌아 괴로운 시간을 보내게 된다. 우울증의 대표적인 증상으로는 다음과 같은 것이 있다.

- 기분이 계속 침울하다
- 매사에 흥미가 없다.
- 성욕이 사라진다.

몸이 피곤한데 아침 일찍 눈이 떠지고 잠이 오지 않는다든가 왠지 기분이 자꾸 가라앉을 때는 망설이지 말고 정신과나 신경정신과를 찾아가 상담을 받기 바란다.

## 폐암

건강진단에서 '폐에 그림자가 있다'고 들었다

> **증상** | 건강진단 시 흉부 X선 사진에서 그림자가 있다고 지적받았는데, CT 검사로 확실해졌다.
> **주의사항** | 기침이나 가래 등의 증상이 나타나 병원에 갔을 때는 이미 손쓰기에 늦어버린 경우도 있다.
> **진료과** | 호흡기내과, 흉부외과

'폐암'은 자각증상이 나타나기 전에 찾아내야 하는 병이다. 기침이나 가래 등의 증상으로 병원을 찾았을 때는 이미 손을 쓸 수 없는 상태에 이른 경우가 많기 때문이다. 건강진단 시 촬영한 흉부 X선 사진에서 폐에 이상한 그림자가 있다는 지적을 받았다면, 흉부CT 촬영을 받아야 한다. 흉부 X선 사진에는 이상 여부를 구분하기 어려운 그림자도 정밀도가 높은 CT 검사를 통해 정확히 판단할 수 있기 때문이다.

## 대장암

건강진단에서 '변에 피가 섞여 있다'고 들었다.

> **증상** | 성인병 검진이나 건강진단 때 실시한 대변검사에서 변 속에 혈액이 섞여 있다고 지적받았다. 치질로 오인하기 쉽다.
> **주의사항** | 비데가 부착된 변기를 사용하면 출혈을 발견하기 어렵다.
> **진료과** | 소화기내과, 일반외과, 대장항문과

변에 혈액이 섞여 있다면 대장암일 가능성이 있다. 조기에 발견하면 치료가 가능한 병이기 때문에 조금이라도 일찍 발견하는 것이 중요하다. 대장암에 관해서는 주의할 점이 두 가지가 있다. 첫 번째 주의점은 치질로 오인하기 쉽다. 치질을 앓고 있는 사람이 많은 것은 사실이지만, 자가진단은 위험하다. 건강진단에서 지적을 받거나 혈변을 발견했을 때는 꼭 병원을 찾아가기 바란다.

두 번째 주의점은 비데를 계속 사용할 경우 출혈을 발견하기 어렵다. 항문 세정기능이 설치된 변기만 사용하는 사람은 혈변이 나오는지를 알지 못해서 대장암의 발견이 늦어질 가능성이있다. 적어도 40세를 넘기면 매년 종합건강검진을 하면서 대변검사를 받기 바란다.

※ 혈변을 발견하거나 건강진단에서 지적을 받았다면 자가진단은 위험하므로 반드시 병원을 찾아야 한다.

# 꿈 해몽 사전

### 사람에 관한 꿈

- **머리털이 백발이 된 꿈**은 장수할 징조이고 크게 길하다.
- **머리털이 빠지는 꿈**은 흉한 일이 많고 길한 일이 적다.
- **세수하고 머리를 감는 꿈**은 만가지 근심이 없어진다.
- **이가 빠지는 꿈**은 친척이 사망할 징조이다.
- **입이 커지는 꿈**은 재물을 얻을 수 있음을 나타낸다.
- **입이 막히고 음식을 먹지 못하는 꿈**은 급병에 걸릴 징조이다.
- **몸에 날개가 생겨 날아다니는 꿈**은 길몽이며 만사형통한다.
- **몸에 땀이 많이 나는 꿈**은 흉하니 매사에 조심하라.
- **몸에 혹이 나는 꿈**은 재수가 대통한다.
- **몸이 비대해진 꿈**은 불길함을 나타낸다.
- **벌거벗은 꿈**은 재수가 있고 만사가 형통한다.
- **다리에서 피가 나는 꿈**은 부귀할 징조이다.
- **발이 삐였거나 부어 보이는 꿈**은 고용인이나 친구에게 해를 당한다.
- **발이 무겁고 피로한 꿈**은 병이 생길 징조이다.

- **코를 다치는 꿈**은 남에게 사기를 당하며 명예를 손상받는다.
- **코가 두개 있는 꿈**은 남과 싸울 징조이다.
- **코가 평소보다 길어 보이는 꿈**은 부귀를 얻을 징조이다.
- **코피가 나는 꿈**은 재수가 있다.
- **장님을 만나는 꿈**은 일이 잘 진전되지 않는다.
- **눈썹이 빠지는 꿈**은 병을 얻을 징조이다.
- **장님이 되는 꿈**은 자손에게 나쁘며, 눈이 진무르면 손재수가 있다.
- **눈썹이 하얗게 되는 꿈**은 남의 우두머리가 될 징조이다.
- **눈썹이 길어지는 꿈**은 연애에 성공하고 부귀를 누린다.
- **부녀자가 눈썹을 깎는 꿈**은 이사할 일이 생긴다.
- **귀가 부상을 입는 꿈**은 신임하는 사람에게 배신당할 징조이다.
- **귀가 크고 아름다워지는 꿈**은 지위가 올라가고 부자가 된다.
- **사자같은 맹수의 귀가 몸에 생기는 꿈**은 반드시 모략에 걸리니 경계함이 좋다.
- **인형을 보는 꿈**은 크게 흉하고 자기가 죽을 징조이다.
- **불구자나 병신을 보는 꿈**은 고생이 많고, 자기

- 가 불구자가 된 꿈은 길하지만 세상을 도피하는 일이 생길 수 있다.
- 목이 졸리는 꿈은 장차 재난이 닥칠것을 나타낸다.
- 팔에 털이 많이 난 꿈은 재수가 있다.
- 팔에 종기가 나는 꿈은 고생을 할 징조이고 장사도 안된다.
- 손이 작아지는 꿈은 고용인에게 속임수를 당할 징조이다.
- 팔이 부러지는 꿈은 자신 또는 근친에 병이나고 부인이라면 남편과 헤어져 산다.
- 오른쪽 팔이 부러지는 꿈은 부모, 형제, 자손 또는 근친이 불행할 징조이며, 왼쪽팔이 부러지는 꿈은 모친의 자매가 화를 입게 되며, 양팔이 모두 부러지는 꿈은 큰 병이 생기게 된다.
- 손톱이 길어지는 꿈은 재수가 있을 길몽이다.
- 손가락이 절단되는 꿈은 친구를 잃을 징조이다.
- 손등과 손바닥에 털이 나는 꿈은 걱정되는 일이 생긴다.
- 가족이 한 방에 모여있는 꿈은 친척이 서로 다투는 일이 생긴다.
- 남의 부인을 품은 꿈은 경사가 있다.
- 자기 부인이 다른 사람에게 시집가는 꿈은 부인이 죽거나 병이 든다.
- 미인에게 장가드는 꿈은 경사가 있다.
- 아이를 낳는 부인을 보는 꿈은 경사가 있고 집안이 번창한다.
- 임신한 여자를 보는 꿈은 만사가 뜻대로 된다.
- 남자가 아이를 낳는 꿈은 병중이라면 완쾌하고 길몽이다.
- 남과 더불어 통곡하는 꿈은 경축할 일이 생긴다.
- 높은 사람과 만나는 꿈은 술이 생긴다.
- 남과 물건을 바꾸는 꿈은 병을 얻는다.
- 평소에 미워하던 사람과 만나는 꿈은 질병이 온다.

- 부부가 서로 욕하며 싸우는 꿈은 병이 날 징조이다.
- 자기가 죽는 꿈은 귀인을 만나 출세하고, 미혼인 자는 좋은 인연을 만난다.
- 혼자서 노래하고 춤추는 꿈은 구설이 생길 징조이다.
- 죽은 사람을 안아주는 꿈은 대길하다. 다만 죽은 사람을 안고 울면 나쁘다.
- 사람이 목욕하는 것을 보는 꿈은 질병이 없어진다.
- 발을 씻는 꿈은 관직에서 물러날 징조이다.
- 귀인에게서 패물이나 기타 보물을 받는 꿈은 대길하니 반드시 출세하고, 여자라면 좋은 인연을 만나 맺어지게 된다.
- 돌아가신 아버지를 만나는 꿈은 좋은 일이 생길 길몽이다.
- 혼자 울고있는 꿈은 술과 음식이 생긴다.
- 새로 관직을 얻는 꿈은 귀자를 낳는다.
- 먼곳에서 사람이 와서 슬피우는 꿈은 사람이 죽는 수가 있으니 조심하라.
- 죽은 사람이 입을 열어 말하는 꿈은 사업이 번창한다.
- 죽은 사람과 같이 음식을 먹는 꿈은 만사가 잘된다.
- 손뼉을 치며 노래하고 춤추는 꿈은 병과 재난이 온다.
- 얼굴에 종기가 많이 나는 꿈은 재물을 얻고

번창한다.
- **목을 매어 죽는 꿈**은 신병이 낫고 운수가 대통한다.

## 동물과 식물에 관한 꿈

- **짐승이 사람과 더불어 말하는 꿈**은 흉몽이다.
- **개가 주인을 무는 꿈**은 재산을 없애는 흉몽이고, 은혜를 배신할 적이 있다.
- **개들이 요란스럽게 짖어대고 서로 싸우는 꿈**은 흉질병이 찾아 온다.
- **짐을 실은 말을 보는 꿈**은 불길하고, 매어놓은 말을 보는 꿈은 대길하다.
- **말을 타고 천리를 달리는 꿈**은 큰 기쁨이 찾아온다.
- **말에게 물리는 꿈**은 관직을 얻게 된다.
- **백마를 탄 꿈**은 사망할 징조이다.
- **소를 끌고 산에 올라가는 꿈**은 크게 부자가 될 징조이다.
- **소가 방안으로 들어오는 꿈**은 가난해질 징조이다.
- **소가 송아지를 낳는 꿈**은 구하는 것이 반드시 얻어진다.
- **잉어가 뛰는 꿈**은 입신 출세하고, 아내가 귀자를 임신한다.
- **물고기를 잡아 요리해 먹는 꿈**은 귀인의 도움을 얻는다.
- **물고기가 물 위에 날라다니는 꿈**은 만사가 산란하고 되는 일이 없다.
- **물고기가 떼지어 노는 꿈**은 재물을 얻는다. 다만바닷물 속의 물고기는 불길하다.
- **창으로 물고기를 찔러보이는 꿈**은 불길한 징조이고 질병을 얻는다.
- **사람이 물고기를 풀어주눈 꿈**은 백가지 일에 운이 열린다.
- **조개를 열어보는 꿈**은 흉하며 모든 일이 잘 안된다.
- **소라를 보는 꿈**은 이별하고 흩어질 징조이다.
- **벌집을 보는 꿈**은 귀한 아들을 낳고, 벌에게 쏘이면 걱정될 일이 생긴다.
- **거미줄에 사람이 걸린 꿈**은 질병이 찾아온다.
- **벌이 사람의 다리를 쏘는 꿈**은 재물을 얻는다.
- **지렁이의 꿈**은 사기를 당한다.
- **쥐에게 물리는 꿈**은 뜻밖의 일로 출세를 한다.
- **박쥐의 꿈**은 흉몽이므로 다음 날은 각별히 조심하고 매사에 부득불 소극적이어야 한다.
- **고양이를 보는 꿈**은 흉몽이다.
- **고양이가 쥐를 잡는 꿈**은 재물을 얻는다.
- **원숭이를 보는 꿈**은 다투고 소송할 일이 생긴다.
- **흰 원숭이를 보는 꿈**은 귀한 지위를 얻는다.
- **기러기를 보는 꿈**은 먼곳에서 소식이 온다.
- **새가 날개를 부러뜨리는 꿈**은 자식을 잃게되는 흉몽이다.
- **닭이 서로 싸우는 꿈**은 시비가 그치지 않는다.
- **닭이 지붕위에 올라가 있는 꿈**은 흉하고 구설수가 많다.
- **닭이 나무 위에 있는 꿈**은 재수가 있고 길하다.
- **암탉이 알을 품고 있는 꿈**은 대길하여 좋은 일이 많다.

- 까마귀가 많이 모여서 지저귀는 꿈은 친척중에 근심이 생긴다.
- 제비가 품안으로 날아들어 오는 꿈은 반드시 귀한 자식을 낳으며 좋은 소식을 듣는다.
- 참새떼가 모여있는 꿈은 재물을 얻고, 집안으로 날아드는 꿈은 기쁜 경사가 있으며, 품안에 날아들면 딸을 낳는다.
- 임신한 부인이 거북이나 학을 보는 꿈은 반드시 귀한 아들을 낳는다. 그러나 거북 꿈의 자식은 중년이후에 운수가 기우러질 운이다.
- 새종류가 부인의 품에 날아드는 꿈은 대개 임신하고 아들을 낳는다.
- 뱀이 똬리를 틀거나 기고있는 꿈은 남에게 미움을 받거나 병으로 고생할 징조이다.
- 뱀이나 용을 화살로 쏘아 맞추는 꿈은 대길이라 만사 형통한다.
- 뱀이 사람을 무는 꿈은 큰 재물이 생긴다.
- 화초를 남에게 나누어 주는 꿈은 집안의 재산이 흩어진다.
- 큰 나무가 부러지는 꿈은 흉몽이고 사람이 죽게 된다.
- 마른 나무에 꽃이 피는 꿈은 자손이 번창해진다.
- 나무를 심는 꿈은 대길하다.
- 큰 나무를 짊어지는 꿈은 재물을 얻는다.
- 밤을 보는 꿈은 친한 사람과 이별을 하거나 먼 길을 가게된다.
- 감자를 보는 꿈은 귀자를 얻고, 감자를 타인에게 주는 꿈은 금전으로 고생하게 된다.
- 나무에 과일이 주렁주렁 달린것을 보는 꿈은 재운이 대통하고 만사가 뜻대로 된다.
- 과실이 많이 열려있는 나무 사이를 산책하는 꿈은 재물이 생긴다.
- 집안에 있는 나무가 열매를 맺는 꿈은 귀한 자식을 얻는다.
- 오이가 열려있는 꿈은 아내에게 나쁜일이 생긴다.
- 씨앗을 뿌리는 꿈은 남에게 원성을 들을 징조이니 남과 언쟁을 하거나 성질을 내지말고 마음을 순하게 쓰면 화가 변해서 복이 된다.
- 나뭇가지를 꺾거나 바람이 불어 잎이 떨어지는 꿈은 부부 이별하고 형제가 흩어질 징조이니 조심하라.
- 산 위에서 낚시질 하는 꿈은 만사가 잘 안된다.
- 연못 가운데 연꽃이 피어있는 꿈은 귀자를 낳고, 연꽃을 심는 꿈은 남의 질투를 받는다.

## 의복과 음식에 관한 꿈

- 여자가 자기에게 옷을 입혀주는 꿈은 만사가 유리하다.
- 신발을 얻는 꿈은 귀인의 도움을 받게된다.
- 신발을 잃어버리는 꿈은 재수가 없다.
- 사람에게 의복을 주는 꿈은 실직하는 일이 생기기 쉽고 근심할 일이 생긴다.
- 새 옷을 만드는 꿈은 혼담이 생긴다.
- 베옷을 입는 꿈은 손윗 사람의 상사를 당한다.
- 때묻은 옷을 입고 대중앞에 나서는 꿈은 명예를 잃고 실패할 일이 생긴다.
- 새 버선을 신는 꿈은 이사를 하게 되며 버선이 헤져보이는 꿈은 처자가 병으로 고생한다.
- 콩 종류를 먹는 꿈은 자손에게 해롭고 집안에 분쟁이 일어난다.
- 남에게 술을 주는 꿈은 구설이 많다.
- 술을 마시고 만취해서 쓰러지는 꿈은 병으로 고생한다.

- **떡을 먹는 꿈**은 구하는 바를 얻는다.
- **오이 종류를 먹는 꿈**은 자손에 질병이 생긴다.
- **밥을 많이 먹는 꿈**은 점점 부자가 된다.
- **꿀이나 엿을 먹는 꿈**은 불길하고 매사가 뜻과 같이 되지 않는다.
- **생고기를 먹는 꿈**은 흉하고, 익힌 고기를 먹는 꿈은 길하다.
- **물을 많이 마시는 꿈**은 재물을 얻고 길하다.
- **수박을 먹는 꿈**은 상사가 있으며 남이 보낸 수박을 받는 꿈은 구설이 생긴다.
- **가지를 보는 꿈**은 길하고, 가지를 먹는 꿈은 입신출세하지만 가지를 남에게 주는 꿈은 흉하며 재산이없어지고 가난해진다.
- **과일을 먹는 꿈**은 병자가 집안에 있으면 병자에게해로운 징조이다.
- **밤을 먹는 꿈**은 이별하는 일이 생긴다.
- **석류를 먹는 꿈**은 자손에게 흉하다.
- **포도를 먹는 꿈**은 이별했다가 다시 만날 징조이다.
- **포도나무를 보는 꿈**은 부자가 될 징조이고, 포도 열매를 먹는 꿈은 기쁜일이 많다.
- **소금을 맛보는 꿈**은 길하고 수명이 장수한다.
- **대추나 뽕나무 열매를 먹는 꿈**은 귀한 아들을 낳는다.
- **약초를 먹는 꿈**은 근심걱정이 없어진다.
- **자기손으로 벼를 논에 심거나 벼를 베는 꿈**은 출타할 징조이다.
- **콩이나 보리쌀을 보는 꿈**은 자손에게 나쁘다.
- **사람들을 모아 잔치를 하는 꿈**은 점차 부자가 된다.
- **술마시고 즐기는 꿈**은 후회할 일이 생기고 배에 병이 생긴다.
- **사람에게 의복을 주는 꿈**은 실직하는 일이 생기기 쉽고 근심할 일이 생긴다.
- **곡식이 창고에 가득차 보이는 꿈**은 사업이 번창하고 혼담이 성립되며 소송에 승소한다.
- **쌀이 하늘에서 비오듯 쏟아지는 꿈**은 대길하

며 만사가 형통한다.
- **남에게 술을 주는 꿈**은 구설이 많다.
- **감귤을 먹는 꿈**은 친구가 사망하거나 재물을 잃어버린다.
- **생선이나 새종류를 요리해 먹는 꿈**은 소원 성취하고 길하다.
- **담배를 피우는 꿈**은 희망있는 일이 많다.
- **옷을 벗거나 잃는 꿈**은 소중히 하던 것을 잃는다는 것을 나타낸다.
- **바나나를 먹는 꿈**은 위장의 상태가 나빠질 징조이다.
- **빵을 먹는 꿈**은 재산을 얻는다.
- **과자를 먹는 꿈**은 위장의 상태가 나빠질 징조이다.

### 기타의 꿈

- **무덤위에 꽃이 피는 꿈**은 안될일도 잘되고 만사 운수대통한다.
- **무덤이 밝아보이는 꿈**은 길하다.
- **관속에 넣어둔 시체를 얻는 꿈**은 큰 재물을 얻는다.
- **죽은 사람이 관에서 나오는 꿈**은 뜻밖의 손님이 찾아온다.
- **거울이 깨지는 꿈**은 부부가 이별하게 되고 집안에 불행이 찾아온다.
- **거울을 줏는 꿈**은 좋은 아내를 만난다.

- **거울로 자기 얼굴을 보는 꿈**은 먼곳에서 친구가 온다.
- **거울이 밝게 보이는 꿈**은 길하다. 그러나 거울이 흐리게 보이는 꿈은 배의 병이 생기고 사기당하거나 질투를 받게 된다.
- **머리빗을 보는 꿈**은 길하며 소원성취하고 빗이 꺾어지는 꿈은 부부 이별한다.
- **보물이 산같이 쌓인 꿈**은 흉하며 매사에 실패하기 쉽다.
- **대체로 도박 기타 승부 등을 해보는 꿈**은 신장이나 폐 등이 허약한 탓이니 조심하라.
- **노름을 하여 돈을 따는 꿈**은 친한 사람으로 인하여 손해보거나 재물을 뺏긴다.
- **동전을 얻는 꿈**은 크게 부귀한다.
- **열심히 글을 읽는 꿈**은 귀자를 얻을 징조이다.
- **활 시위를 당겼을 때 활이 부러지는 꿈**은 대단히 흉몽이다.
- **남에게서 책을 받거나 가르쳐 주는 꿈**은 부귀할 징조이다.
- **차를 탔는데 가지 않는 꿈**은 구하는 것을 얻지 못한다.
- **차 바퀴가 파괴되는 꿈**은 부부가 이별한다.
- **병자와 같은 배에 타고 있는 꿈**은 죽을 수가 있으니 조심하라.
- **자기가 탄 배가 날아다니는 꿈**은 크게 부귀를 얻는다.
- **바둑이나 장기를 두는 꿈**은 소송사가 일어난다.
- **솥이나 남비가 깨지는 꿈**은 흉몽이고 집안에 상사가 생긴다.
- **장례를 지내거나 상여를 보는 꿈**은 길몽이다.
- **중이 되는 꿈**은 모든 일에 좋고 병이 완쾌된다.
- **기괴한 귀신을 보는 꿈**은 재수가 있고 좋다.
- **귀신과 싸워서 이기는 꿈**은 길하고 지는 꿈은 흉하다.
- **무덤이 자주 보이는 꿈**은 죽은 가족중에 성불하 지 못한 자가 있기 때문이니까 잘 천도하여 제사 지내주면 자연 복이 들어와 무병장수하게 된다.
- **신이나 부처님을 본 꿈**은 아들을 낳을 징조이다.
- **칼로 자살하는 꿈**은 재물을 얻게 된다.
- **남에게 얻어맞는 꿈**은 힘이 늘어나고 심장이 강해지는 징조이다.
- **남과 말로 다투는 꿈**은 친근한 사람과 이별할 징조이다.
- **형제가 서로 마구 때리는 꿈**은 모든 일이 잘되고 좋은 일이다.
- **촛불을 보는 꿈**은 대길하여 재수가 있다.
- **불길이 온몸을 태우는 꿈**은 크게 귀하게 될 징조이다.
- **산에 큰불이 나서 활활 타는 것을 본 꿈**은 크게 재수가 있고 출세한다.
- **부엌에서 불이난 꿈**은 급한 일이 생긴다.
- **사람의 집에 물이 가득차 보이는 꿈**은 자녀에게 해로움이 있다.
- **대문이 부서진 꿈**은 흉하니 만사에 조심하라.
- **큰 불이 문을 태워 버리는 꿈**은 흉하니 조심하라.
- **문을 새로 해다는 꿈**은 귀자를 낳는다.
- **집 가운데 빛이 나는 꿈**은 길하며 장사하는 사람은 이익을 크게 보고 관직에 있는 사람은 기쁜 일이 겹친다.
- **집안에 풀이 나 있는 꿈**은 가산을 탕진할 징조이다.

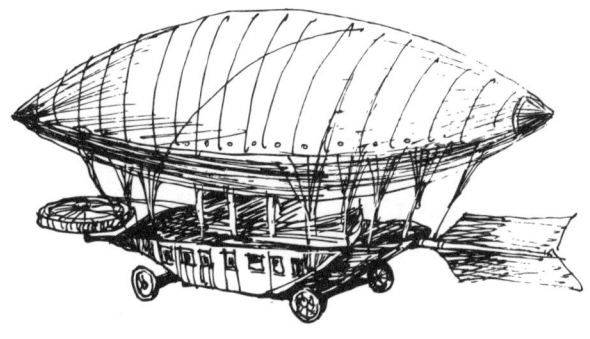

- 물 위를 달리는 꿈은 운수가 대통한다.
- 물 위에 서있는 꿈은 불길하고 믿는 사람이 죽는수도 있다.
- 몸이 물속에 있는 꿈은 대길하고 운수가 대통한다.
- 우물물이 말라버린 꿈은 재산이 탕진된다.
- 지붕이 무너지는 꿈은 집안 사람이 병이 나거나 고생을 하게 된다.
- 집을 건축하는 꿈은 큰 병을 앓게 된다.
- 절간에서 경문을 읽는 꿈은 병자가 완쾌한다.
- 배가 바다 한 가운데 떠 있는 꿈은 남녀간에 아직 마음이 들떠 있는 것이므로 조심하여 진정하면 행운이 찾아온다.
- 배가 물위에 떠서 나에게로 오는 꿈은 행운이 찾아오며, 만일 보배를 싣고있는 배라면 만사 뜻대로 되고 자손 번창한다. 그러나 돛을 단 배가 내 앞을 지나가면 좋지않다.
- 멍하니 돌위에 서 있거나 헝클어진 실을 푸는 꿈은 일이 잘 진전되지 않는 것을 나타낸다.
- 침대와 천정을 새로 하거나 교환하는 꿈은 좋은 배필을 얻고 이사하게 된다.
- 신발을 잃어버리는 꿈은 재수가 없다.
- 백골 시체의 꿈은 자기가 뭔가 죄를 범하여 구경거리가 되지는 않을까 하는 우려를 나타낸다.
- 교실에서 제일 앞에 앉아 있는 꿈은 당신이 도덕심이 강한 성실한 성격이라는 것을 나타낸다.
- 시험에 실수를 해서 고생하는 꿈은 단념하고 있던 일이 잘 해결될 찬스가 온다는 것을 나타내고 있다.
- 무슨 소린지 알 수 없는 떠들썩한 소리의 꿈은 당신이 무엇인가에 대해서 가슴이 두근거리고 있음을 나타낸다.
- 마녀를 사랑하는 꿈은 무슨 일이든 자기의 뜻대로 행동하고 싶은 소망을 나타낸다.
- 경기장에 아무도 없는 꿈은 여성이 자기 몸에 뭔가 비밀을 갖고 있어서 남에게 알려지기 싫다는 생각을 나타낸다.
- 교통사고나 기타의 일로 상처를 입는 꿈은 당신의 도덕적 양심이 불안한 위치에 처해 있다는 것을 나타내고 있다.
- 시합이나 게임의 꿈은 당신이 정신적인 갈등을 하고 있음을 나타낸다.
- 고향의 꿈은 번거로운 일에서 벗어나고 싶다는 소망을 나타낸다.
- 꾸중을 듣는 꿈은 당신이 양심의 소리에 귀를 기울이고 있다는 것을 나타내고 있다.
- 여점원이나 웨이트레스가 되어 있는 꿈은 자신의 성적 매력이 어느 정도 되는지에 대해 강한 관심을 나타내고 있다.
- 누군가를 기쁘게 하는 꿈은 당신이 그 사람에 대해서 갖고 있는 질투심을 감추려 하고 있는 것을 나타내고 있다.
- 몸에 바늘이 꽂히는 꿈은 당신의 나쁜 행동이나 생각에 대한 벌을 의미한다.
- 발의 운동의 꿈은 당신의 세계를 넓히고 싶다는 소망을 나타내고 있다.
- 차표를 사지 않고 승차하여 근심이 되는 꿈은 당신이 현실적으로 떳떳하지 못한 일이나 부끄러운 일을 하고 있다는 것을 의미한다.
- 목소리가 나오지 않는 꿈은 주위에 대한 불만이 강한 것을 나타낸다.
- 책을 읽고 있는 꿈은 주위에 대한 불만이 강한 것을 나타낸다.
- 도서관을 보는 꿈은 지식을 얻고 싶다는 것을 나타낸다.

# 2026(병오)년 토정비결 조견표

토정비결은 반드시 음력으로 본다. 먼저 상괘(태세)에서 자기 나이를 찾아 숫자를 적고, 그 다음에 중괘(월건)에서 자기가 태어난 달의 숫자를 찾아 적는다. 마지막으로 하괘(일진)에서 월일의 줄을 맞추어 자기 생일에 맞는 숫자를 찾는다. 상괘, 중괘, 하괘의 숫자를 차례로 적은 백단위의 숫자가 자신의 금년 토정비결 운세이다.

## 상괘

●제일 먼저 당년 나이를 찾아 옆의 숫자로 상괘를 정한다

| 나이 | 상괘 | 나이 | 상괘 | 나이 | 상괘 | 나이 | 상괘 | 나이 | 상괘 | 나이 | 상괘 | 나이 | 상괘 | 나이 | 상괘 | 나이 | 상괘 | 나이 | 상괘 |
|---|---|---|---|---|---|---|---|---|---|---|---|---|---|---|---|---|---|---|---|
| 1세 | 1 | 11세 | 3 | 21세 | 5 | 31세 | 7 | 41세 | 1 | 51세 | 3 | 61세 | 5 | 71세 | 7 | 81세 | 1 | 91세 | 3 |
| 2세 | 2 | 12세 | 4 | 22세 | 6 | 32세 | 8 | 42세 | 2 | 52세 | 4 | 62세 | 6 | 72세 | 8 | 82세 | 2 | 92세 | 4 |
| 3세 | 3 | 13세 | 5 | 23세 | 7 | 33세 | 1 | 43세 | 3 | 53세 | 5 | 63세 | 7 | 73세 | 1 | 83세 | 3 | 93세 | 5 |
| 4세 | 4 | 14세 | 6 | 24세 | 8 | 34세 | 2 | 44세 | 4 | 54세 | 6 | 64세 | 8 | 74세 | 2 | 84세 | 4 | 94세 | 6 |
| 5세 | 5 | 15세 | 7 | 25세 | 1 | 35세 | 3 | 45세 | 5 | 55세 | 7 | 65세 | 1 | 75세 | 3 | 85세 | 5 | 95세 | 7 |
| 6세 | 6 | 16세 | 8 | 26세 | 2 | 36세 | 4 | 46세 | 6 | 56세 | 8 | 66세 | 2 | 76세 | 4 | 86세 | 6 | 96세 | 8 |
| 7세 | 7 | 17세 | 1 | 27세 | 3 | 37세 | 5 | 47세 | 7 | 57세 | 1 | 67세 | 3 | 77세 | 5 | 87세 | 7 | 97세 | 1 |
| 8세 | 8 | 18세 | 2 | 28세 | 4 | 38세 | 6 | 48세 | 8 | 58세 | 2 | 68세 | 4 | 78세 | 6 | 88세 | 8 | 98세 | 2 |
| 9세 | 1 | 19세 | 3 | 29세 | 5 | 39세 | 7 | 49세 | 1 | 59세 | 3 | 69세 | 5 | 79세 | 7 | 89세 | 1 | 99세 | 3 |
| 10세 | 2 | 20세 | 4 | 30세 | 6 | 40세 | 8 | 50세 | 2 | 60세 | 4 | 70세 | 6 | 80세 | 8 | 90세 | 2 | 100세 | 4 |

## 중괘

●두 번째는 생월(生月) 아래 숫자로 중괘를 정한다

| 월별 | 정월大 | 2월小 | 3월大 | 4월小 | 5월小 | 6월大 | 7월小 | 8월大 | 9월小 | 10월大 | 11월大 | 12월大 |
|---|---|---|---|---|---|---|---|---|---|---|---|---|
| 중괘 | 3 | 6 | 5 | 2 | 5 | 4 | 1 | 6 | 3 | 1 | 5 | 3 |

## 하괘

●세 번째는 생월 중에서 생일 날짜와 만나는 곳의 숫자로 하괘를 정한다

| 일 월 | 1월 | 2월 | 3월 | 4월 | 5월 | 6월 | 7월 | 8월 | 9월 | 10월 | 11월 | 12월 |
|---|---|---|---|---|---|---|---|---|---|---|---|---|
| 1일 | 3 | 3 | 3 | 1 | 1 | 3 | 3 | 3 | 1 | 1 | 2 | 1 |
| 2일 | 1 | 2 | 1 | 1 | 1 | 3 | 2 | 1 | 1 | 1 | 2 | 1 |
| 3일 | 3 | 1 | 2 | 3 | 2 | 3 | 2 | 1 | 3 | 2 | 2 | 2 |
| 4일 | 2 | 2 | 1 | 2 | 3 | 3 | 3 | 1 | 3 | 2 | 1 | 2 |
| 5일 | 2 | 1 | 3 | 3 | 2 | 2 | 1 | 1 | 1 | 2 | 1 | 2 |
| 6일 | 2 | 1 | 3 | 2 | 1 | 1 | 3 | 3 | 2 | 2 | 2 | 2 |
| 7일 | 2 | 2 | 3 | 2 | 1 | 2 | 2 | 1 | 1 | 1 | 3 | 1 |
| 8일 | 3 | 2 | 3 | 3 | 1 | 1 | 2 | 3 | 3 | 3 | 2 | 3 |
| 9일 | 3 | 2 | 1 | 3 | 1 | 2 | 1 | 2 | 3 | 1 | 1 | 1 |
| 10일 | 1 | 1 | 1 | 3 | 2 | 2 | 2 | 2 | 1 | 3 | 1 | 3 |
| 11일 | 3 | 1 | 2 | 2 | 2 | 2 | 3 | 3 | 3 | 3 | 1 | 3 |
| 12일 | 3 | 1 | 2 | 2 | 2 | 3 | 3 | 3 | 3 | 3 | 1 | 1 |
| 13일 | 3 | 3 | 1 | 2 | 2 | 1 | 3 | 3 | 1 | 1 | 2 | 3 |
| 14일 | 1 | 2 | 1 | 1 | 1 | 2 | 1 | 1 | 1 | 2 | 2 | 1 |
| 15일 | 1 | 2 | 2 | 3 | 2 | 1 | 3 | 2 | 1 | 3 | 3 | 3 |
| 16일 | 3 | 3 | 2 | 3 | 3 | 3 | 3 | 1 | 2 | 3 | 2 | 3 |
| 17일 | 3 | 2 | 1 | 1 | 3 | 2 | 3 | 1 | 2 | 1 | 2 | 3 |
| 18일 | 2 | 1 | 1 | 2 | 2 | 2 | 1 | 3 | 2 | 2 | 2 | 2 |
| 19일 | 1 | 2 | 2 | 3 | 2 | 2 | 3 | 1 | 1 | 2 | 3 | 1 |
| 20일 | 1 | 3 | 3 | 3 | 1 | 2 | 3 | 1 | 1 | 3 | 1 | 1 |
| 21일 | 1 | 3 | 2 | 1 | 1 | 1 | 2 | 3 | 1 | 2 | 2 | 2 |
| 22일 | 2 | 2 | 2 | 1 | 3 | 2 | 2 | 2 | 3 | 2 | 2 | 3 |
| 23일 | 3 | 1 | 3 | 3 | 3 | 3 | 1 | 3 | 3 | 3 | 1 | 3 |
| 24일 | 3 | 1 | 1 | 3 | 1 | 1 | 1 | 2 | 2 | 3 | 2 | 3 |
| 25일 | 1 | 1 | 1 | 1 | 2 | 2 | 2 | 1 | 1 | 2 | 3 | 2 |
| 26일 | 2 | 3 | 2 | 2 | 2 | 1 | 2 | 3 | 3 | 2 | 3 | 2 |
| 27일 | 2 | 3 | 3 | 1 | 3 | 2 | 3 | 2 | 1 | 1 | 1 | 1 |
| 28일 | 3 | 3 | 3 | 1 | 1 | 1 | 1 | 2 | 1 | 3 | 2 | 3 |
| 29일 | 3 | 2 | 1 | 1 | 1 | 3 | 2 | 1 | 2 | 2 | 3 | 1 |
| 30일 | 3 | 2 | 1 | 3 | 2 | 3 | 3 | 2 | 1 | 3 | 3 | 3 |

| | | | |
|---|---|---|---|
| **111**<br>이 괘(卦)는 대단히 좋은 괘로서 특히 남자들에게 더욱 길(吉)한 작용을 한다. 명예와 지위 재산이 오르고 임태하게 되면 반드시 아들을 낳을 수 이다. 여성은 남성 못지 않은 활동을 하게 되며 큰일을 하려는 사람은 작은 근심을 버리라. 귀인이 절로 찾아오고 마음도 몸도 편안해진다. | 1·2월 근심은 사라지고 기쁨이 가득하니 생남 아니면 재물과 땅을 얻는다.<br><br>3·4월 혹은 일이 틀어지기도 하지만 트인 운수를 누가 잡을 것이냐. 운수가 큰 걸음으로 성큼 다가오니 오솔길에서 큰길로 나가는 격. | 5·6월 이성(異性)을 가까이하면 구설에 오를 수 있으니 친구를 조심하라.<br><br>7·8월 출세의 길이 열리지만 혹시 있을지도 모를 재난에 대비해야 한다. 그렇지 않으면 횡액수가 있으니 조심해야 한다. | 9·10월 역마수가 있으니 바쁜 나날이 될 것이다. 건강에 주의해야 한다.<br><br>11·12월 끝까지 벌인 일을 마무리하라. 마음 불편한 일이 생긴다. 몸은 푸른 하늘처럼 쾌청하나 재물이 없으니 길흉이 교차한다. |
| **112**<br>이 괘는 동인(同人)이란 글자가 표시하듯이 타인과 공동으로 사업을 벌인다든가 아니면 이성관계가 쉽게 맺어지는 것을 뜻한다. 사업을 하는 사람이 이 괘를 얻으면 공동으로 수지를 맞으나 쟁송을 조심하고 젊은 사람들은 삼각관계로 구설이 따르기 쉽다. | 1·2월 평균적으로 현재상태의 유지, 재물이 들어오니 헤프게 쓰지 말라. 작은 것으로 큰 것을 얻으니 요행이 따른다.<br><br>3·4월 친구를 조심하지 않으면 손해를 볼 수 있다. 남일에 깊게 간섭하지 말라. | 5·6월 재물은 원하는 만큼 들어오나 구설수를 조심하라, 비방받는다. 남쪽은 불리하니 가지 마라.<br><br>7·8월 위태로운 시작에 비해 열매는 아름답다. 질병에 관심써야 좋으리. 관재수가 따를까 두렵다. | 9·10월 가족에게 근심 닥쳐온다. 지나간 기회를 그리워말고 깊이 생각하라.<br><br>11·12월 자신을 돌아보며 정리하라. 몸을 움직이면 길흉이 함께 닥친다. |
| **113**<br>이 괘는 하늘은 맑고 땅에 있는 호수 또한 맑아 천지가 다 밝다는 뜻으로 아주 좋은 운세이다. 남녀노소를 막론하고 웃사람의 도움을 받을 수 있고 매사에 막히는 일이 없으며 도모하는 일이 반드시 이루어진다. 재물이 생기지 않으면 슬하에 영화가 있을 것이다. 결혼에는 더욱 좋다. | 1·2월 봄에 돋아나는 새싹과 같이 생동감 있고 활력이 넘쳐 흐른다.몸이 바깥에 나가노니 뜻밖의 횡재가.<br><br>3·4월 집안에 기쁜 일 생기고 혼인 아니면 생남, 생과 마음이 행복하다. | 5·6월 모든 일이 잘되니 방만하기 쉽겠다. 노력해야 구름이 개인 듯.배우자에게 정성을 다하라. 금실에 금이 갈까 두렵다.<br><br>7·8월 타고난 인덕(人德)의 도움이 있을 때이니 횡재하리라. 또 귀인이 도와 관록이 따른다. | 9·10월 이익이 적지는 않으나 돌에 채일 염려가 있다. 배우자에게 잘하라. 내환이 아니면 구설로 친한 이와 다툰다.<br><br>11·12월 뒤늦은 권세가 찾아들지 모른다. 주위를 살펴 때를 맞추라. |
| **121**<br>이 괘는 위험한 가운데서 좋은 기회를 잡을 수 있는 찬스가 오게 된다. 그러므로 보수적인 주의보다는 진보적이고 투기적인 사고방식이 뜻밖의 성공을 가져오게 되는 운세이다. 애정관계에 있어서는 처음에 갈등이 있으나 나중에 원만해진다. 구름이 흩어지고 달이 나오니 천지가 환한 격이다. | 1·2월 부모형제지간에 한 소리로 노래하듯 조화로운 가정 되리라. 복덕이 몸을 따르니 근심이 깃들 일 새가 없다.<br><br>3·4월 바다 한가운데서 파도 만난듯 당황하게 될 수가 있다. | 5·6월 사람으로 인해 즐거움 오고 사람으로 인해 화도 오리라. 몸이 길위에 있으니 한 번은 먼 길을 떠날 수다.<br><br>7·8월 재수가 대길하니 금의 환향할수. 서쪽 방향을 조심하라. | 9·10월 바다와 연관되는 사업을 하면 그대로 재물로 이어진다. 사람이 서로 도와주니 편안하고 태평하리라.<br><br>11·12월 친구의 호의를 거절하지 말고 조심스레 받아들이면 길조. |
| **122**<br>이 괘는 호랑이 꼬리를 밟은듯이 살얼음판을 디딘듯이 대단히 위험성을 내포하고 있다. 그러므로 절대로 망동해서는 안되고 굳은 신념을 갖고 만사를 사리에 맞게 처리해야만이 무사한해이다. 또 자녀 때문에 근심, 가내에 우환이 있기 쉬운 해이다. | 1·2월 매사에 근심이 끼이기 쉬우므로 행동에 신중을 기하는 편이 좋다. 구설이 따를까 두렵다.<br><br>3·4월 액운이 있을 수 있지만 주의의 염려로 길조가 될 가능성도 있다.명산에 가서 열심히 기도하면 불길한 수를 면한다. | 5·6월 어려움 뒤에는 좋은 일이 있다. 다툼으로 잃는 일이 없도록 하라. 남의 도움을 받으면 바야흐로 재물이 생길수다.<br><br>7·8월 있어야 할 자리에 제대로 서 있으면 자기 복을 찾는다. 단비가 내리듯 뜻밖에 귀인을 만난다. | 9·10월 부동산에 투자하면 재미를 보겠으나 타인의 간계를 조심하라. 몸을 입술까 두렵다. 이름은 떨치나 실속이 없다.<br><br>11·12월 일년간의 횡액을 한순간에 몰아 낼 수 있으니 눈을 크게 뜨라. |
| **123**<br>이 괘는 너무 강세(强勢)가 있기 때문에 남과의 불화 쟁송(不和訟)이 일어나기 쉬우므로 겸손하고 화목한 마음으로 한 해를 지내야지 그렇지 않을 때는 손실을 초래한다.<br>특히 여성은 남자 때문에 많은 속을 상하기 쉽다. | 1·2월 서두르려 하지 말라. 오히려 달성이 어려워진다.신운이 불리하니 내환이 생길까 두렵다.<br><br>3·4월 공상적인 꿈을 쳐다보지 말고 자신의 능력을 먼저 확인하도록 하라. 북쪽은 해로우니 조심하라. 도둑을 조심하라. | 5·6월 재물에 손실있을 수 있으니 많은 양의 투자는 하지말도록. 재물을 잃지 않으면 몸이 괴롭다.<br><br>7·8월 천천히 자신의 운세가 열리고 있다. 고삐를 움켜쥐어라. 여자를 가까이 하지 말라. 구설이 몸을 해친다. | 9·10월 생활에도, 사업에도 윤기가 돌며 화는 없어지고 복이 가까우리라. 화가 변하여 복이 된다.<br><br>11·12월 더이상의 과욕은 허망하기만 할뿐. 자족하면 축하받을 일 생긴다. 기다리면 복이 있나니 섣달 느지막에 경사가 생긴다. |
| **131**<br>이 괘는 허욕을 부려서는 크나큰 손해를 본다고 한다. 맑은 마음과 정직한 마음을 갖는것만이 제일 좋은 방법이다.<br>이동수(移動數)가 있고 여성은 결혼수(結婚數)가 있는데 상대방의 속셈에 말려들기 쉬우므로 매우 조심해야 한다. | 1·2월 아직은 캄캄한 새벽. 일을 시작하려 해보았자 결과가 없다. 머리만 있고 꼬리가 없는 격이로다.<br><br>3·4월 뜻밖에 명성을 얻으나 제 갈길을 몰라 헤매는 어린 소녀상. | 5·6월 신의를 중요시하고 시비를 조심하라. 가족의 구설수가 염려된다. 집안에서 일어나는 일을 밖에 말하지 마라.<br><br>7·8월 상서로운 조짐이 남쪽에서 오나 외로운 기러기 신세. 무실무가하니 가인과 짝하지 못한다. | 9·10월 겉으로 그럴싸한 일이 있어도 내실은 하나도 없는 신세. 이익을 구하려면 동쪽을 주시하라.<br><br>11·12월 거의 해를 넘기면서 고독과 이별하고 새로운 인연을 맺겠다. 귀인이 곁에 있으니 모든 일이 대통한다. |
| **132**<br>이 괘는 만사가 뜻대로 된다는 좋은 괘이다. 자식이 없던 사람은 아들을 얻게 되고 금전상 궁핍을 당하던 사람도 재운이 대통하게 된다. 이성간의 교제도 이루어지게 되고 장래에 훌륭한 배우자가 된다. | 1·2월 새로운 환경속에 새로이 꽃이 피어나니 변화가 기분좋구.운도 옛것이 가고 새것이 오니 작은 것으로큰 것을 이룬다.<br><br>3·4월 생각지 않던 성공이 자기 것이 되지만 이로 인한 구설수도 적지 않다. | 5·6월 일신이 편안하여 즐거움을 누리시 시간과 뜻이 맞아들어간다. 관록이 생기지 않으면 뜻밖의 횡재를 한다.<br><br>7·8월 구름 걷혀 만월이 돋아오니 아내에 경사있을 수처궁에 경사가 있으니 집안에 봄기운이 가득 | 9·10월 평생살이가 지금과 같다면 누가 인생을 고해라 말하랴. 겨울 석 달 동안에 재물을 얻게 된다.<br><br>11·12월 길 떠나면 재수가 있을 괘, 주저없이 밀고 나가라. 운수가 형통하고 일신이 절로 편안하다. |
| **133**<br>이 괘는 광막한 들판에 노송(老松)이 홀로 서 있는 상으로 쓸쓸함을 주는 좋지 않은 과상이다.<br>또 뜻밖의 놀람이 있기 쉽고 매사가 허무하게 되어버리는 뜻이 있으므로 특히 대인관계를 신중히 해야 한다. 여자는 불행한 남자를 만나기 쉽다. | 1·2월 길잃어 헤매이나 사람들이 진심을 믿어주지 않는다. 금이 화로로 들어가니 마침내 큰 그릇이 된다.<br><br>3·4월 천리타향 외로운 몸에 구설수까지 얽혀 마가 끼어 있다. 관재 아니면 구설이 따른다. | 5·6월 오가는 길에 귀인을 만나 행운을 잡으며 결혼으로 이어질 수도 있다.<br><br>7·8월 환경은 어울리는데 만남의 시작만 있을뿐, 끝이 안보이니 허망하다. 수풀사이로 난 길 위에서 귀인을 만난다. | 9·10월 큰 집을 짓는 형세라, 친구는 실망주지만 운수는 대통. 신수는 평길하고 재물 운은 좋다.<br><br>11·12월 매사를 신중히 하면 의외로 큰 것이 수중에 들어온다. 작은 것을 구하라 큰 것을 얻으니 소망이 뜻대로 이루어진다. |

160

| 괘 | 1·2월 / 3·4월 | 5·6월 / 7·8월 | 9·10월 / 11·12월 |
|---|---|---|---|
| **141** 이 괘는 동서남북 어디를 가나 나를 도와줄 사람은 하나도 없는 고독한 괘다. 집안은 편하지 못하여 근심이 있으며 쓸데없는 타인의 일에 간섭했다가 시비 구설에 따라 오매 매사에 막힘이 많고 이루지 못한다. | 1·2월 길흉이 하나로 교차하므로 함부로 일을 진행키 어렵다. 3·4월 동분서주하며 재수도 있으나 움츠러진 몸이 잘 풀리지가 않는구나. | 5·6월 재물을 얻으려거든 의지를 향하라. 고향에선 일 없겠다. 7·8월 새 일을 벌이기보다는 직분을 지켜서 현상을 유지하라. | 9·10월 얼마간의 재물이 있겠으니 강가에 배가 없는 격. 활용에 문제있다. 11·12월 남의 재물을 탐하지 말라. 남과 동업을 꾀하지 말라. |
| **142** 이 괘는 춥고 어둡던 골짜기에 봄이 찾아와 만물이 소생하는 형상이다. 그러므로 만나는 사람마다 나를 이롭게 하고 모든 것이 전화위복(轉禍爲福)이 되는 수이다. 남녀가 다 좋은 배우자를 만날 수 있어 백년가약을 맺을 수 있다. | 1·2월 재물과 명예를 얻게 되나 재수가 없어 손실이 따르게 된다. 3·4월 꽃이 지고 열매를 맺으니 관과 인연을 맺든지 생남하리라. | 5·6월 두마음을 품지마라. 실패에 마음쓰면 시비가 따르겠다. 7·8월 꽃에 벌과 나비 모여들듯이 좋은 친구를 얻을 수 있다. | 9·10월 가을 들녘에 만개한 꽃이 되니 얻은만큼 많이 나가게 된다. 11·12월 기쁜 일이 겹치고 먹는 장사를 하면 투자 이상의 효과를 보겠다. |
| **143** 이 괘는 비오는 밤길에 진퇴를 결정하지 못하는 격으로 매우 난처한 형편에 놓여 있는 형상이다. 또 사람마다 나와 뜻이 맞지 않으니 고립되어 버리기 쉽다. 결혼도 삼각관계로 얽혀 자기의 취할 바를 바로잡지 못하게 된다. 이럴때는 성실한 마음으로 살자. | 1·2월 자라나는 새순이 눈내려 상처입히는 격. 남의 말을 믿지 말라. 3·4월 마음은 허망하나 꽃다운 인연을 만날수도, 동업은 금물. | 5·6월 질병 아니면 구설수 있겠고 부모에 근심 생긴다. 7·8월 옛 인연을 만나면 이익 생기겠고 새일을 도모하면 불리하다. | 9·10월 재물이 왕성하나 방황하면 실패한다. 이사하지 말라. 11·12월 돈을 벌 수 있으나 사람을 잘못 사귀면 해를 보겠다. |
| **151** 이 괘는 서까래를 가지고 고기를 잡으러 가는 상으로 어떤 일을 해도 이루어지지 않는다. 또 묵묵히 남모르는 실력만 쌓아두는 것이 제일 상책이다. 연말에는 다소 희망이 보이기 시작한다. | 1·2월 눈앞의 이익에 연연하면 길조가 흉조될 수 있으니 주의하라. 3·4월 운세의 때는 왔는데 연결이 안되니 얻기가 어려워진다. | 5·6월 길조와 흉조가 늘 함께 있으니 매사에 신중을 기해야 한다. 7·8월 재액을 면하려면 신중 또 신중, 돌다리도 두들기고 건너라. | 9·10월 먼 길 떠날 운세가 아니다. 의외의 재물 얻어도 집에 머무르리라. 11·12월 집안이 태평해지고 뜻밖의 도움을 얻어 재물운이 있으리라. |
| **152** 이 괘는 눈앞의 사소한 이득을 탐하지 말고 후환을 없게 해야 한다. 편안할 때 위험함을 생각하고 이득을 볼 때 손해를 생각하는 것이 군자(君子)라는 생각을 가져야만 화가 일어나지 않는다. 경거망동을 금할 것. | 1·2월 물과 불을 조심하고 차조심하라. 출행은 삼가는 것이 좋은듯. 3·4월 타인의 잔꾀나 유혹에 넘어가지 말며 심사숙고해서 집안을 지켜라. | 5·6월 정성을 다하면 지나쳐가던 재수가 자기의 것이 될 흥왕할 수. 7·8월 얼굴 맞대고 이야기해도 마음은 딴데 있으니 동업하지 말라. | 9·10월 행하려 하나 나아가지 못한다. 심중의 괴로움이 병이 되지 않게 하라. 11·12월 재물은 늘지만 진퇴양난의 절벽에 서있기 십상이다. |
| **153** 이 괘는 함부로 망령되게 행동하지만 않으면 처음엔 곤궁하나 나중에 걱정이 없게 되는 상이다. 또 남과 다툴 수가 있으니 조심을 요한다. 부부간에는 고정(告情)이 있고 연인들 사이는 이별하는 눈물을 흘리지 않을 수 없는 운세가 보인다. | 1·2월 재물을 찾아 밖으로 나서면 물었던 용 시내 찾는 격이다. 3·4월 정직하게 행하면 뜻밖의 귀인만나 액운은 사라지고 복만 가득해. | 5·6월 남과 다투어봤자 결론 안난다. 둥근 달도 한 때임을 기억하라. 7·8월 구설수 있고, 액땜의 우려 있으니 자중하는 생활을 찾아야 한다. | 9·10월 타인으로부터 칭찬 들을 수. 만물이 크게 생육(生育)한다. 11·12월 한명, 두명, 세명이 넘도록 공경하고 봉사하면 마무리가 좋으리. |
| **161** 이 괘는 봄풀이 단비를 만난 것 같이 양양한 앞날을 약속할 수 있는 좋은 상이다. 부부는 화목해지고, 혼인이 이루어지거나, 아니면 집안에 득남하는 경사가 있고, 사람들이 많이 찾아와 집안이 복작대는 괘이다. | 1·2월 이익을 보고자 하나 손에 들어오면 곧 없어지는 운세. 3·4월 일을 여러가지로 벌인만큼 인간관계 조심하라. 시비는 피해야 한다. | 5·6월 상리(商利)가 대통하겠으니 장사를 시작하여 출행토록 하라. 7·8월 동업을 하되 먼 길은 친구에게 맡기고 대범한 마음 가져야. | 9·10월 경영하는 일이 허망해지기 쉬우니 인정에 약해지지 말라. 11·12월 새로운 일 시작하지 말라. 만사가 저절로 형통해질 것이다. |
| **162** 이 괘는 탐욕을 내지만 않으면 자연히 좋아지는 상이므로 정직한 마음이 필요할 때이다. 부부간이나 연인들 사이에는 다소 알력이 따르기는 하나, 오히려 그것이 좋은 결과를 가져오게 되며, 뜻 밖에 희소식이 있게 된다. | 1·2월 의기양양하여 재물을 구하면 그대로 얻겠다. 3·4월 자리를 옮겨가면 복이 오고 경사가 있으되 여색을 멀리하라. | 5·6월 타인의 일에 참여했다가 시비 일어난다. 진퇴를 분명히 하도록. 7·8월 만물이 생동하며 물에 놓인 고기의 격으로 태평을 누리리라. | 9·10월 동업에 성공하면 재물 얻게 되니 조급하게 서두를 것 없다. 11·12월 횡재 아니면 경사가 꼭 있고 귀인을 만나니 뜻밖에 성공한다. |
| **163** 이 괘는 자기의 분수를 지켜 움직이지 말고 가만히 있어야만 좋을 괘이다. 아니면 가을풀이 서리를 만난 것 같이 좋지 않은 일이 생기고 하는 일마다 엇갈려 마음의 고통이 많을 괘이다. | 1·2월 기쁨 가운데 근심이 서리니 기껏 얻은 도끼에 자루 빠지는 격. 3·4월 몸이 편안코 화창한줄 아나 하늘에 구름만 떠있고 비는 없다. | 5·6월 세상일은 꿈같고 남쪽에 길함이 있으나 언제 손이 닿을꼬. 7·8월 남을 믿어 해로우니 특히 이성관계에 슬픔이 오기 쉽겠다 | 9·10월 집에 화목할 일이 없고 상하가 불화하겠다. 11·12월 천리타향에서 귀인을 만난격으로 기쁨이 대단하다. |

| | | | |
|---|---|---|---|
| **211**<br>이 괘는 부지런한 마음으로 꾸준히 노력하고 규칙적인 생활을 해야만 큰 탈이 없이 무사히 넘길 수 있다는 운세(運勢)이다.<br>그러므로 방종과 불신을 버리고 항심을 갖는 것만이 어려움을 개척할 수 있다는 것을 명심해야 한다. | 1·2월 쓸데없는 생각을 버려야만 자연히 복을 받을 수 있다.<br>3·4월 허심탄회한 마음만이 만사를 이루게 하는 근본. 횡재 아니면 경사. | 5·6월 재물을 탐하지 말라. 자신의 운세가 그대로 봄바람이다.<br>7·8월 고기가 물을 만나 용이 되는 격이니 매사에 길함이 있겠다. | 9·10월 자기 자신을 알자. 그러면 복을 받아 재수가 대길하리라.<br>11·12월 얻은 것의 절반을 잃게 될 운세이나 지난 일을 따지지 말라. |
| **212**<br>이 괘는 글자가 표시하듯이 반드시 어떤 변동이 있음을 나타낸다.<br>관리는 직위의 변동, 다른 사람은 주택이나 사업의 변동이 있을 수가 있다. 그러므로 사후를 잘 살펴 대단히 주의를 해야만 실패가 따르지 않을 운세이다. | 1·2월 용과 범이 서로 싸우는 뜻이 있으니 세력을 너무 믿지말라.<br>3·4월 고기가 바다로 들어가니 의기가 양양하다. 남과 동업하면 재물을 얻는다. | 5·6월 구설이 따르겠으니 어디를 가나 말조심을 해야 한다.<br>7·8월 여색을 가까이 해 액운이 있으나 입신양명할 수 있겠다. | 9·10월 작은 이득은 볼 수 있다. 출행하면 좋고 분수를 지키면 유익하리라.<br>11·12월 슬하에 경사있을 수이며 재물이 원하는 대로 쌓인다. |
| **213**<br>이 괘는 내열지흉(來悅之凶)이라 해서 반드시 송쟁구설관액이 따르기 쉬우니 각별한 주의가 필요하다.<br>그러므로 항상 언동을 삼가고 근신하며 수양한다는 마음가짐만이 이 난국을 타개할 수 있는 유일한 방법이니 명심치 않으면 안된다. | 1·2월 천리 먼 땅 타향에 외로운 객이 홀로 서 있구나.<br>3·4월 구하는 바를 얻지못할 것이니 감언에 속지 말라. | 5·6월 무조건 남의 일에는 간섭하지 말아야 한다.<br>7·8월 이득에 눈이 어두우면 반드시 시비가 따른다. | 9·10월 자기의 실력이 나타날 때가 아니므로 묵묵히 침묵을 지키자.<br>11·12월 어려운 고비는 지나갔으니 앞날이 양양하다. |
| **221**<br>이 괘는 대단한 곤경을 겪게 되어 말할 수 없는 고통이 따르게 되나 참고 견디면 드디어는 길하게 된다는 뜻이 있으므로 너무 낙심하지 말고 장래의 희망을 위해서 힘껏 정진하기 바란다. 부부간에도 고정(孤情)이 있으나 일시적이다. | 1·2월 배를 타고 물결을 거슬러 올라가는 것같이 매사가 힘이 든다.<br>3·4월 분에 넘치는 일은 반드시 큰 손해를 가져온다. | 5·6월 우중의 꽃이니 어찌 나비와 벌이 날아오겠는가.<br>7·8월 재물에 손해수가 있으니 타인의 일에 손대지 말라. | 9·10월 큰 일은 도모하지 말라. 위태한 중에 편안할 수 .<br>11·12월 답답한 것이 풀리고 점점 희망이 생겨 찾아들리라. |
| **222**<br>이 괘는 운기가 쇠퇴하여 때를 잃은 형상. 그러므로 내가 앞장을 서지 말고 뒤에서 조절한다는 사고방식을 통할지 모르나 그 외는 절대로 불가하다.<br>부부간에도 물에 물탄듯하고 연인들 사이는 헤어질 수도 결합할 수도 없는 사이이다. | 1·2월 꿈자리가 좋지 않거나 매사에 상쾌함이 적다.<br>3·4월 매사에 시기를 놓치기 쉽다. 나태하지 말아야 한다. | 5·6월 식구가 늘기 쉽거나 아니면 재물이 있으리.<br>7·8월 말이 성앞에 다다랐으니 양갈래 길에서 망설이고 있구나. | 9·10월 매사가 불리하여 진퇴유곡에 빠졌구나.<br>11·12월 어려웠던 일이 점점 풀려 빛을 보게 될 것이다. |
| **223**<br>이 괘는 강이과호중(剛而過乎中)이라 해서 반드시 흉사가 일어나기 쉬우며 매사에 결단성 있게 처리하여 사소한 인정에 휘말려들지만 않으면 반드시 좋은 시기가 도래하게 된다는 뜻이 있어 한떨기 꽃이 다시 핀다라고 한 것이다. | 1·2월 눈이 아직 덜 녹아 봄풀이 곤하며 달이 구름밖에 나와 있다.<br>3·4월 동남쪽으로 머리를 돌리지 말라. 매사가 불리하리라. | 5·6월 추풍에 꽃이 떨어지니 마음속엔 비애만이 가득하다.<br>7·8월 하는 일도 없이 공연히 마음만 바쁘겠다. | 9·10월 셋 중 하나가 반드시 악하니 근심 생기겠다.<br>11·12월 상인에게는 반드시 큰 이득이 따르겠다. |
| **231**<br>이 괘는 지재외(志在外)라 해서 좋은 찬스가 왔는데 쓸데없는 곳에 정신을 써서 시간을 허비해 버리는 형상이므로 매사를 그때그때 처리해야 후회가 없다.<br>부부나 이성간에는 제삼의 사람이 나타나서 난처한 처지에 놓이게 된다. | 1·2월 좋은 사람을 만났으니 망설이지 말라. 관록을 따겠다.<br>3·4월 망망한 대해에 한조각 배가 육지를 만나 점점 길해지리라. | 5·6월 활은 있으나 화살이 없으니 적을 막을까.<br>7·8월 귀인이 와서 나를 도우니 점점 길해지리라. | 9·10월 매사에 의심은 가나 망설이지 말고 매진하라.<br>11·12월 재물운이 있어 큰 이익을 보게 될 것이다. |
| **232**<br>이 괘는 반드시 변동이 있게 되는데 이러한 변동을 잘못하여 진퇴가 양난이 되는 뜻이 있다. 그러므로 가능한 한 이동 변동을 삼가고 불가불 이동할 때는 신속한 결단이 필요하게 된다. 이성간에는 이합을 분명히 하고 인정에 구애받지 말아야 한다. | 1·2월 실력만 있다고 언제든 인정받는 것은 아니다.<br>3·4월 상대가 나의 음모를 미리 아니 처방을 바꾸어야겠다. | 5·6월 봄에 반드시 기쁜 일이 생기며 남방은 불길하다.<br>7·8월 당초 당한 화가 오히려 복이 되겠고 관록 아니면 생남할 운세. | 9·10월 공연한 일로 시끄러워지고 구설이 따르겠다.<br>11·12월 매사 기도하는 마음으로 임하면 복이 따르리라. |
| **233**<br>이 괘는 사비종고(捨卑從高)라 해서 모든 좋지 않은 것을 버리고 훌륭함을 쫓으니 가히 구슬을 얻은 격이 되어 조화가 무궁하다는 뜻을 가지고 있다. 그러므로 자신을 과신하거나 자만하지 않으면 무한한 발전을 확신한다는 좋은운세의 혜택을 받고 있다. | 1·2월 쥐가 곡식창고에 들어간 격이니 더 그리울 것이 무어랴.<br>3·4월 명제가 쉽게 이루어지고 문화가 새로와지겠다. | 5·6월 도모하는 일은 기막힐 수 있으나 반드시 해치는 사람이 있겠다.<br>7·8월 시비를 가까이하면 재물 잃겠고 횡재 아니면 생남하겠다. | 9·10월 출행하면 불리하고 시비를 가까이 하면 구설이 두렵다.<br>11·12월 사람과의 사귐이 많고 스스로 기쁨이 넘친다. |

| | | | |
|---|---|---|---|
| **241**<br>이 괘는 어떤 특별한 이유없이 심중에 불안이 있어 집안에는 조금도 앉아 있지를 못하게 된다.<br>그러므로 오히려 밖으로 나가 활동해야 마음이 한가하고 또한 모든 것이 순조롭게 풀리므로 활동적인 생각이 이득을 가져온다. | 1·2월 타인과 일을 도모하면 반드시 송사가 일어나리라.<br>3·4월 깊은 산에서 길을 잃으니 일이 허황하겠다. | 5·6월 구름이 밝은 달을 가리니 자식에게 근심이 있겠다.<br>7·8월 기쁨 한번, 슬픔 한번 희비가 교차하겠다. | 9·10월 구설을 조심하라. 허욕을 부리면 이익이 없다.<br>11·12월 귀인이 도우니 공사나 큰 이익을 얻겠다. |
| **242**<br>이 괘는 세상사가 아무리 번잡미묘하다 하나 어찌 올바른 정신으로 성심껏 행동하는데 흔들리가 있으리오 하는 사필귀정을 나타내는 형상이다. 그러므로 신념을 갖고 굳게 행동한다면 매사가 스스로 쉽게 풀린다. | 1·2월 귀인이 동쪽에서 스스로 오니 만사가 순조롭겠다.<br>3·4월 내 마음이 간사하지 않으니 어찌 타인이 돕지 않으리 | 5·6월 초면에 친절한 사람은 믿을수 없어, 경계를 요한다.<br>7·8월 자식이나 집안에 일시 걱정이 있기 쉬우니 조심해야 한다. | 9·10월 작은 이득은 바라볼 수 있으니 자만심은 금물이다.<br>11·12월 신상이 위태로우니 망동치 말라. 성심성의만이 처세의 태도다. |
| **243**<br>이 괘는 주역에 혁지구삼(革之九三)을 정복하면 흉하다 하여 일체 타인에게 해를 끼치거나 타인의 물건을 탐내 꼭 손해가 따른다는 뜻이 있다.<br>그러니까 남의 양식 한 말을 탐하다 내가 먹을 반년치 양식을 잃어버린다는 형식이다. | 1·2월 마음은 정직하나 애매한 일이 많이 생긴다.<br>3·4월 소가 마른물에 가서 물을 마시나 말같은 풍채는 없구나. | 5·6월 경거망동하지 말라 믿는 도끼에 발등 찍힌다.<br>7·8월 강바람이 세차니 거슬러 오르는 배가 힘이 드는구나. | 9·10월 마음속 근심을 나 아닌 누가 알아주리오<br>11·12월 언어만 조심하면 연말에는 아무 근심 없겠다. |
| **251**<br>이 괘는 승리하지 못할 것을 뻔히 알고 가서 오히려 큰 허물이 된다는 상이 있다. 매사를 먼저 알아 차리 처리하면 아무 탈이 없을 것인데 조급한 마음으로 쓸데없는 일을 행하니 봉래산에서 신선을 만나도 반대로 허망하다고 하는 것이다. | 1·2월 일을 하나 여의치 못하고 친한 사람 믿다가 손재가 크다.<br>3·4월 큰 집을 짓는데 서까래감으로 기둥을 지으려 한다. | 5·6월 이사하고 집 고치면 나쁘고 남과 동업하면 해롭다.<br>7·8월 노력과 비용만 들었지 결국 손해볼 일 한다. | 9·10월 친한 사람을 애써서 찾아 다녀라. 좋은 일이 있으리라.<br>11·12월 구름은 꽉 끼었으나 비 가 오지 않으니 답답하다. |
| **252**<br>이 괘는 세상의 물정을 모르고 함부로 손을 댔다가 많은 손해를 보나 그대신 많은 인생의 경험을 얻는 뜻이 있다. 또 감동 감류의 뜻이 있어 감정에는 변화가 많고 비애나 비감이 많이 오는 때이다. 그리고 젊은 남녀는 서로 사귀기도 잘하나 유종의 미를 거둘 수 없다. | 1·2월 집안의 구조가 재수를 막게하는 것이 있으니 잘 살피라.<br>3·4월 금전상에 고통이 따르기 쉬우니 미리 예측하기 바란다. | 5·6월 각별히 물조심을 하자. 큰 재난이 있기 쉽다.<br>7·8월 관재구설이 따르기 쉬우니 몸가짐을 삼가하라. | 9·10월 적은 재물을 얻을 수 있으니 노력하면 좋다.<br>11·12월 밖에 나가 크게 이익되는 것이 없으니 몸조심을 하라. |
| **253**<br>이 괘는 글자가 표시하듯이 대단한 곤경중에서 점점 순조로워져 대단한 재미를 볼 수 있다는 뜻을 갖고 있다. 그러나 너무 자만하거나 여색을 가까이 하면 질병에 걸리거나 많은 손해를 초래하는 형상이다. | 1·2월 북쪽 사람을 가까이 말라. 이득은 적고 손해가 많게 된다. 적은 것이 가고 큰 것이 오니 일신은 편안하고 매사 순조롭다. | 5·6월 귀인이 와서 나를 도우니 매사가 순조롭게 된다.<br>7·8월 집안이 화평하고 서북쪽으로 출행하면 길하다. | 9·10월 어두운 밤에 길을 잃고 동분서주하는 격이다. 도둑을 조심하라.<br>11·12월 초지를 관철하라. 마음이 해이해지면 좋지 않다. |
| **261**<br>이 괘는 대단한 곤경 중에서 많이 번민하게 되나 반드시 소생이 되어 오히려 재수가 대길해지는 좋은 운세이다. 그러므로 설사 어려운 처지에 놓여있다 하더라도 옛날 춘추시대의 소진이나 장의같은 기개를 가지면 반드시 좋은 운이 전개된다. | 1·2월 고기가 용문에 오르니 반드시 좋은 일이 생기리라.<br>3·4월 음양이 서로 화합하니 만물이 생성되리라. | 5·6월 봄밭에 단비가 오니 어찌 곡식이 무럭무럭 자라지 않겠나.<br>7·8월 귀인이 스스로 와서 도우니 어려운 일이 풀려 나가겠다. | 9·10월 돌을 깨어 옥을 구하니 반드시 이득이 있으리라.<br>11·12월 부모의 병환이나 상을 당하기 쉬우니 조심하라. |
| **262**<br>이 괘는 나를 돕는 사람이라고는 하나도 없고 고군분투하게 되나 그러는 중에 우연히 귀인이 나타나 의외로 좋은 일을 볼 수 있는 길한 괘이다. 그러므로 고진감래가 계속 참는 것이 중요하다. 부부간도 처음에는 다정치 않으나 나중에는 다정해진다. | 1·2월 가는 길이 편안치 않으니 매사가 허망 무실하다.<br>3·4월 곤경이 한두가지가 아니니 대단한 마음의 고통이 있겠다. | 5·6월 꽃은 보이지 않는 곳에서 피니 비단옷을 입고 밤길을 걷는 격.<br>7·8월 춥던 골짜기에 봄이 찾아온 격이니 고목이 스스로 꽃을 피운다. | 9·10월 다른 일에 손대지 말라. 반드시 손해가 있으리라.<br>11·12월 밖에 나가 하는 일이 집 안에 있는 것만 못하리라. |
| **263**<br>이 괘는 글자 그대로 곤하다든가 큰 과실이라는 뜻이 있어 반드시 어려운 고비를 일차 넘기고 한번은 후회할 일이 있을 상이다.<br>그러나 후회는 반드시 좋아져서 재수는 물론 지위 재산까지도 안전하게 된다는 길한 괘이다. | 1·2월 아무리 해도 공로가 나타나지 않는다. 다음을 위해 쉬자.<br>3·4월 서남쪽에는 반드시 해로운 일이 있겠으니 출행치 말라. | 5·6월 귀인을 만나게 되며 반드시 좋은 일이 있겠다.<br>7·8월 날고자 하나 날지도 못하니 때를 기다려라. | 9·10월 적은 근심이 있겠으나 점차 반드시 풀리겠다.<br>11·12월 반드시 재수가 있고 매사에 기쁨이 있으리라. |

| | | | |
|---|---|---|---|
| **311**<br>이 괘는 뜻은 크고 욕심은 많으나 운수는 그와 반대로 틀어져 하나도 뜻과 같이 되어 가는 것이 없으리라고 본다. 그리고 다 된 밥솥을 엎는 격이 나오고 만사를 조심껏 처리하고 경거망동을 삼가하면 가히 면하리라. | 1·2월 한이 있어 자탄하니 내마음 알아주는 이가 없다.<br>3·4월 타향이나 출장을 가지 말라. 반드시 구설이 있으리라. | 5·6월 고기가 물을 잃었으니 처음과 끝이 다같이 불리하다.<br>7·8월 금년중에는 이 두달이 제일 길할 것이다. | 9·10월 만약 손재가 아니면 집안 식구에 근심이 있으리라.<br>11·12월 작은 것을 가지고 큰것을 만드니 재수가 형통하리라. |
| **312**<br>이 괘는 좋은 운수이다. 젊은 남녀는 결혼하게되고 젊은 부부는 득남하며 짝이 없던 사람은 배우자를 만나게 된다.<br>관인은 승진하여 기쁨이 있고 외국을 가고자 하는 사람은 반드시 갈 수 있으며 만사에 막힘이 적을 것이다. | 1·2월 귀한 별이 문앞을 비치니 집안에 경사가 있겠다.<br>3·4월 시종이 여일하니 반드시 하는 일이 잘되겠다. | 5·6월 행운이 돌아오고 복록이 자신의 것이 되겠다.<br>7·8월 매사가 길하니 재물이 들어오고 귀인이 도우니 이롭기 그지없다. | 9·10월 깊은 산에서 길을 잃었으나 다행히 무사하리라.<br>11·12월 멀리 가지만 않으면 만사에 길함과 경사가 있으리라. |
| **313**<br>이 괘는 여태까지막힘이 없었거나 번성하던 일이라도 반드시 틀려 돌아가고 의외의 사고가 발발하며 얽힌 마음이 창망하겠다.<br>그러므로 만사를 백번 생각해서 행동하고 감언이설에 속아 넘어가지 않는 것만이 구제의 방편이다. | 1·2월 고요하면 나쁘고 움직여야 좋다. 질병이 침범할 괘가 있다.<br>3·4월 뜬구름이 해를 덮고 있구나. 집안을 지키는 것이 제일 안전하다. | 5·6월 의외로 재수가 좋으리라. 그러나 방종하는 것은 금물<br>7·8월 산세가 날개를 다쳤으니 날려고 해도 안되는 현상. | 9·10월 도둑맞거나 무언가 잃어버리기 십상. 많은 염려가 있으리라.<br>11·12월 멀리 가지만 않으면 만사에 길함과 경사가 있으리라. |
| **321**<br>이 괘는 이 세상에서 아직 실격이 나타날 때가 아니라는 것을 알려주는 괘상이다.<br>그러므로 자기가 자기를 살려 후일을 위하여 더욱 더 실력을 쌓아둠이 현명한 방법이며 결혼은 될 수 있는 한 하지 않는 것이 좋을 것이다. | 1·2월 경영하는 일은 될듯 하다가 안된다.<br>3·4월 남의 시비에 참여하지 말라. 책임이 돌아오리라. | 5·6월 매사에 반복되니 갈피를 잡지 못한다. 굳게 마음먹을것.<br>7·8월 길을 가고자 하나 길이 험하니 어찌 힘이 들지 않으리. | 9·10월 생소한 사람과 친하게 사귀지 말라. 반드시 손해본다.<br>11·12월 우연히 만난 사람으로 인해서 크게 좋은 일이 있으리라. |
| **322**<br>무조건 노력하라는 말이다.<br>그리고 부단한 노력을 하는 동시에 끈질겨라는 뜻도 있으므로 조령모개는 지양함이 물론 가당할 것이다. 입씨름이란 뜻도 있으므로 입다툼(특히 부부)이 있기 쉬우니 주의해야 한다. | 1·2월 음양이 화합하니 반드시 경사가 있으리라.<br>3·4월 바른 마음을 가지고 일을 꾸미면 앞날이 반드시 형통한다. | 5·6월 재물이 동북쪽에 왕성해서 재수 있겠다.<br>7·8월 구설을 조심하라. 아니면 말다툼을 삼가야 매사에 길하리라. | 9·10월 작은 것이 가고 큰 것이 오니 하는 일에 성과가 양양하다.<br>11·12월 만약 이름이 나지 않으면 집안에 기쁨이 꽉 차겠다. |
| **323**<br>어그러진다. 크다는 뜻이 겹치므로 실패를 하더라도 크게 한다. 그리고 덤벙댄다는 뜻도 포함되어 있으므로 실패의 원인은 찬찬하지 못하여 계획이 정밀치 못한 데에 주원인이 있을 것이다. | 1·2월 호랑이가 나아가다 힘이 빠진격. 부동산에 구설 있겠다.<br>3·4월 군자에겐 길하나 소인에게는 불리한 시절. | 5·6월 신수가 불리하니 횡액을 가히 조심하라.<br>7·8월 가문 하늘에 단비가 내리니 백곡이 풍성하다. | 9·10월 서북쪽에 유리함이 있는데 그것은 반드시 여자때문.<br>11·12월 가만히 있은 즉 길하고 움직인 즉 불리하다. |
| **331**<br>이 괘는 빛난다. 멀리간다, 유혹한다는 뜻이 있으므로 유행을 따르는 사업이나 전업, 양장업 등에 큰 이득이 따르겠다는 길한 괘상이며 여성은 그 아름다움이 최고도에 달할 때이므로 마음 속의 아름다움을 기르도록 하라. | 1·2월 고국에 봄이 돌아오니 만물이 소생하는구나.<br>3·4월 근심은 없어지고 기쁨이 생기니 신수가 태평하다. | 5·6월 경영하는 일이 다른 사람으로 인해 성사되겠다.<br>7·8월 밝은 달이 창가를 비치니 귀인과 친할 수 있다. | 9·10월 적게 쌓아 크게 이루니 만사가 형통하리라.<br>11·12월 소망한 일은 이루나 물가에 가지말라. 횡액이 두렵다. |
| **332**<br>노인이 이 괘를 얻으면 반드시 세상을 떠나게 된다. 젊은 사람이 이 괘를 얻으면 집을 짓거나 매사를 크게 건설하나 마음과 뜻대로 되지 않는다.<br>그리고 부모 있는 사람은 초상을 당하기 쉬우니 마음의 준비가 있어야 하겠다. | 1·2월 호랑이도 늙으니 역시 힘을 쓰지 못하는구나.<br>3·4월 심신이 불안하니 만사에 의욕이 없도다. | 5·6월 문서상이나 논밭, 주택에 이득이 있겠다.<br>7·8월 만사에 해결을 보지 못했으니 머리는 있으나 꼬리가 없도다. | 9·10월 만약 부모에게 근심 없으면 자식에게 근심 있으리라.<br>11·12월 마음을 바로 쓰면 매사가 점점 길해지리라. |
| **333**<br>실력이 있는 자라면 반드시 빛을 볼 수 있는 대길한 괘이다. 학생은 합격하고 관인은 높은 벼슬에 오르며 상인은 크나큰 이득을 본다. 그러나 여성은 이별의 뜻이 있으므로 언동과 범사에 윤리를 저버리는 행동을 해서는 크게 흉하다. | 1·2월 샘을 파서 물이 나오니 기쁨이 넘친다.<br>3·4월 용이 대해를 만났으니 조화가 무궁하리라. | 5·6월 과갑(科甲)이 아니더라도 반드시 재수가 대통하리라.<br>7·8월 단비가 때를 맞춰 내리니 풍년을 약속한 격이다. | 9·10월 심신이 편안하니 매사에 무엇을 겁내리오.<br>11·12월 창파에 낚시대를 던졌더니 큰 물고기가 물리는구나. |

| | | | |
|---|---|---|---|
| **341**<br>압력이 대단한 괘이다. 그러므로 사해 같은 넓은 아량을 가지고 무조건 이해하는 방법이 최고, 하고자 하는 일은 갈수록 난관에 봉착하고 모든 사람은 나를 배반하고 돌아서기 쉬우니 그 원인을 규명하여 화목함에 힘써야겠다. | 1·2월 깊은 산 외로운 노송엔 산새마저 찾아들지 않는구나.<br>3·4월 북쪽으로 가지말라. 손해가 적지 않으리라. | 5·6월 사소한 일로 다투지 말라. 싸움이 커지기 쉽다.<br>7·8월 달밝은 청산에 두견새가 슬피우는 형상. | 9·10월 노력함을 아끼지 말라. 처음엔 곤하나 큰 성과가 있으리.<br>11·12월 구름이 흩어지고 달이 솟으니 기쁜 일이 있겠다. |
| **342**<br>이 괘는 젊어 고생을 사서 한다는 뜻을 가지고 있는 괘로서 노력하면 반드시 어떤 일이든지 성사가 되며 성과 또한 대단하다는 좋은 괘이다. 남녀관계는 좀 복잡미묘한 점이 보이지만 결국은 성립되어 좋은 연분을 맺을 수 있는 운세이다. | 1·2월 가는 곳마다 길함이 있으니 기회를 놓치지 말라.<br>3·4월 집안에 경사가 있으니 혼인을 할 일이 있겠다. | 5·6월 인사를 받을 수가 있는데 늙은분이 있는 집은 복받을 수.<br>7·8월 서쪽에서 귀인이 와서 우연히 나를 돕는다. | 9·10월 타인과 더불어 모사하는 것은 반대로 실패가 오겠다.<br>11·12월 심신이 태평하고 만사가 순조롭게 이루어지겠다. |
| **343**<br>굉장히 바쁜 괘상이다. 몸을 열로 쪼개도 손이 모자라는 형편이나 만사는 마음과 뜻대로 되지 않으니 마음만 조급해 진다. 혼잣말은 여기저기 많이 나오고 말하는 데마다 깨지고 노총각이나 노처녀가 몸이 바싹 달 때이다. | 1·2월 봉황새가 닭무리에 섞이니 그 덕이 허무하구나.<br>3·4월 천리 타향에서 보이는 사람은 전부 낯이 설구나. | 5·6월 공부나 수도하는 사람은 길하나 평인은 불길한 운수 섞여 있어.<br>7·8월 매사에 마가 많이 끼니 먼 길 출행은 삼가라. | 9·10월 근심과 기쁨이 반반이니 반은 길하고 반은 어렵다.<br>11·12월 어려운 중에서 점점 호조의 기미가 엿보인다. |
| **351**<br>이 괘는 삼자 트리오 즉 태양이 높이 빛난다. 죄상이 드러난다. 허물이 보인다는 뜻이 있으며 성운의 혜택을 입어 지만한 나머지 큰 실패를 초래하게 되는 괘상이다. 여성은 이러하므로 혹시 창피를 당할 우려가 있으니 몸가짐을 조심할것. | 1·2월 비바람이 불순하니 오곡이 어찌 풍년들기를 바라리오.<br>3·4월 늙은 용이 무력하니 하늘까지 오르지 못하겠다. | 5·6월 횡재수가 있으나 구설 따르니 조심하라.<br>7·8월 만약 이사가 아니면 개업이라도 할 수 있는 변화의 운세. | 9·10월 길성이 문전에 비치니 길한 일이 있을 징조이다.<br>11·12월 옛 것이 가고 새로운 것이 오니 사방에 봄빛이 어린 것 같다. |
| **352**<br>남자는 벼슬을 할수있고 여자는 생남할 수있는 좋은 운세이다. 사업가는 사업을 크게 이룰 수 있고 무직자는 좋은 직업을 갖을 수 있으며 젊은 여인들은 소망이 이루어져 좋은 배필이 되어 희망찬 앞날을 설계할 수 있는 대길한 운세이다. | 1·2월 사방에 이름이 높이 나니 모든 사람이 우러러본다.<br>3·4월 재수가 다른 곳에 있으니 출행하면 재물을 얻을 수 있겠다. | 5·6월 백가지 일이 다 길하니 근심할 일이 무엇인가.<br>7·8월 하고자 했던 일을 기대 이상으로 이루게 된다. | 9·10월 소원은 성취하고 집안에 경사가 있겠다.<br>11·12월 용이 여의주를 얻은 형상이니 그 조화가 말할 수 없이 오묘하다. |
| **353**<br>미제(未濟)란 미내(未乃)한다는 뜻이 있고 아직은 실력이 모자란다는 뜻이 함축되어 있으나 무한히 발전한다는 뜻도 있으므로 노력만 한다면 이루지 못할 것이 없는 좋은 괘상이다. 현재는 자기의 위치가 미미하지만 반드시 방대한 세력을 형성할 수 있다. | 1·2월 나쁜 것이 변하여 길로 화하니 심신이 태평하다.<br>3·4월 시비에 참여하지 말라. 반드시 구설이 뒤따른다. | 5·6월 친한 사람이 오히려 해를 끼치게 되는 일 있으니 삼가해라.<br>7·8월 출입함에 이득이 있으니 마음대로 움직이면 좋으리라. | 9·10월 올바른 마음으로 덕을 쌓으라. 그러면 그 가운데 이득이 있으리라.<br>11·12월 횡재수가 있으니 호기를 놓치지 말라. |
| **361**<br>어그러진다, 분방하다, 사물을 옳게 보지 못한다는 뜻을 가지고 있는 괘이다.<br>그러므로 자기 스스로의 생각이 아무리 옳다는 생각이 들더라도 다시 한번 생각하여 틀린 곳이 없는가를 되살피는 것만이 실패를 막는 방법이다. | 1·2월 비록 노력과 정열을 쏟더라도 성공은 가망없다.<br>3·4월 아랫사람의 부주의로 인해서 큰 손해가 있으니 조심하라. | 5·6월 실물(失物)수가 있으니 더욱 조심하고 매사에 조심하라.<br>7·8월 절대로 망동하지 말라. 움직이면 크게 흉한다. | 9·10월 급한즉 손해보고 더디게 한즉 이득을 본다.<br>11·12월 마음의 정할 바를 모르니 좌표를 뚜렷이 세워라. |
| **362**<br>이 괘는 미내(未乃)한 것이 충족되어 만사에 그리움이 없으며 또한 막히는 것이 없이 마음과 뜻대로 되는 대길한 괘상이다. 그러므로 허욕만 부리지 않고 바른 마음가짐으로 매사에 임한다면 모든 사람들이 임의로 도와줄 것이다. | 1·2월 길한 별이 나의 문을 비치니 가정에 경사가 있겠다.<br>3·4월 봄은 깊고 나무는 무성하니 백가지 꽃이 다투어 핀다. | 5·6월 목마른 용이 물을 얻은 격이니 조화가 무궁하다.<br>7·8월 집안에 있으면 불리하고 외방으로 나가면 이롭겠다. | 9·10월 우연히 만난 사람이 큰 도움이 되겠다.<br>11·12월 기운이 왕성하니 반드시 경사가 있을 징조가 나타난다. |
| **363**<br>이 괘는 신하가 임금을 만나 높은 작위를 받는다는 대단히 좋은 괘이다. 그리고 어둠을 등지고 밝은 곳으로 나오게 된다는 뜻이 있으므로 모든 나쁜 것이 스스로 사라지고 보람을 찾아 행복하게 살 수 있는 좋은 괘상이다. | 1·2월 초목이 봄을 만나니 꽃과 잎이 다같이 무성하다.<br>3·4월 심신이 화평하고 덕망이 높아가나 타인으로 인한 재난도 있으리라. | 5·6월 사방사람이 와서 하는 말을 절대로 듣지말라. 손해를 본다.<br>7·8월 집안사람과 뜻이 맞으니 뜻하는 바가 잘 이루어지겠다. | 9·10월 귀한 사람이 와서 도우니 얼굴에는 기쁜 빛이 가득하다.<br>11·12월 내외가 화목하면 집안 전체에 기쁜 일이 찾아온다. |

| | | | |
|---|---|---|---|
| **411**<br>이 괘는 초목이 햇빛을 보지 못하여 아무리 자라려고 해도 자라지 못하는 격으로 아무리 노심초사를 하더라도 매사가 성공의 매듭을 맺지 못하게 된다. 그러므로 세찬 물결을 헤임치면 안되듯이 가만히 분수를 지킴이 제일이다. | 1·2월 멀리 있는 것을 구하려다 가까이 있는 것을 잃게 되는 운세.<br>3·4월 일신이 곤고하니 마음은 조급하고 번민만 느는구나. | 5·6월 매사에 두서 없으니 어찌 매듭이 있으리.<br>7·8월 물가를 가까이 하면 반드시 재난을 당할 운수이다. | 9·10월 여자를 가까이 하면 매사에 실패가 있으리라.<br>11·12월 좋은 새는 나무를 가리고 현명한 사람은 벗을 가린다. |
| **412**<br>이 괘는 넓은 들에 오곡이 풍성하여 풍년을 반드시 기약한다는 좋은 괘이다. 또 풍이란 넉넉하다. 배가 부르다는 뜻이 있고 임신부라는 뜻도 있으므로 생남하는 기쁨이 있거나 식구가 불어나는 일이 있겠으며 매사에 재수가 대통하겠다. | 1·2월 집안에 환희가 넘치니 안 되는 일이 없겠다.<br>3·4월 재성(財星)이 몸을 따르니 소망하는 바가 반드시 이루어지리라. | 5·6월 본심만 정직하면 도와주지 않을 사람이 없으리라.<br>7·8월 소나무를 심어 큰 숲을 이루니 모든 새가 와서 기쁘게 우짖는다. | 9·10월 먼길을 가면 불리하니 될 수 있으면 삼가하라.<br>11·12월 일신이 편안하니 무엇을 근심하며 걱정하리오. |
| **413**<br>이 괘는 남성다운 대단한 기개와 아주 여성다운 얌전함이 겹친 괘상이다. 그러므로 강할때는 강하게 인정을 베풀 때는 다정하게 처세를 하라는 뜻이 있다. 또 젊은 여자가 늙은 남자에게 시집간다는 뜻도 있으므로 결혼의 암시도 있는 괘상이다. | 1·2월 사방으로 출입하더라도 재수가 있겠다.<br>3·4월 일가붙이가 모두 화평하니 뜻하는 바가 이루어진다. | 5·6월 동산의 봄 매화가 하루아침에 만발할 운수.<br>7·8월 멀고먼 땅에서 그리운 임의 반가운 소식이 왔도다. | 9·10월 길한 가운데 흉조가 겹쳐 있으니 자만하지 말고 삼가해서 일하라.<br>11·12월 밖은 노적가리가 쌓여 있고 안으로는 영화가 있도다. |
| **421**<br>이 괘는 여우가 진흙밭을 지나가는 격으로 많은 고초와 황액이 따라오니 많은 주의를 바란다. 그래서 어떤 일이고 나가면 나갈수록 더욱 어려운 고비만 닥치어 진퇴가 양난이 되어버리니 수상한다는 마음가짐으로 안분함이 제일이다. | 1·2월 산길을 가던 행인이 어찌 이다지 험한 길을 만났는가.<br>3·4월 호랑이가 함정에 빠졌으니 뜻은 있으나 계책이 없구나. | 5·6월 가정은 화평치 못하고 범사에 되는 일이 없겠다.<br>7·8월 질병과 고통이 그치질 않으니 근심이 아주 많구나. | 9·10월 관재 구설이 있으니 집안이 다같이 불안하도다.<br>11·12월 일년을 지낸 것이 무엇이었던가. 허송세월이었구나. |
| **422**<br>해가 구름 속으로 들어가 그 빛을 잃어버린격으로 만사에 보이지 않는 해가 있는 좋지 않은 괘상이다. 그러므로 남모르는 덕을 쌓고 바른마음으로 착한 일만 한다면 절대로 나쁜 일이 생기지 않을 뿐더러 오히려 좋아진다는 운세이다. | 1·2월 구름 만리밖에 혈혈단신이니 어찌 어렵지 않겠는가.<br>3·4월 집안에 질병이 있으니 심신이 불안하겠다. | 5·6월 인정에 구애받지 말라. 오히려 해를 끼친다.<br>7·8월 사고무친하니 어느곳에 내일을 상의하겠는가. | 9·10월 운세가 좋지 않으니 망동하지 말고 자숙하는 것이 좋다.<br>11·12월 음양이 불합할 때니 내외간에 다툼을 조심하라. |
| **423**<br>이 괘는 여자는 남자같이 남자는 더욱 남자답게 화이팅 스피드를 발휘하라는 것을 암시한다. 사업가는 사업이 잘 되고 상인은 재수가 있으며 젊은 남녀는 연애의 대상이 속출한다. 그러나 달도 차면 기우나니 나중을 생각해 신중을 기할 것. | 1·2월 상하가 화목하니 한 가정이 어찌 화평치 않겠는가.<br>3·4월 만약에 횡재를 하지 않으면 애인이 생기리라. | 5·6월 구름이 흩어지고 달이 나오니 천지가 다같이 명랑하다.<br>7·8월 꾀하는 바를 빨리 도모하라. 늦어지면 허사가 되리라. | 9·10월 하늘에서 복을 내리니 모든 일이 다 이루어지겠다.<br>11·12월 타인과 화목히 하라. 그러면 구하는 바가 여의하리라. |
| **431**<br>당신은 반드시 과실을 저지르기 쉽다. 그러므로 말과 행동에 각별한 주의를 요한다. 아니면 그로 인해서 막대한 손해나 사가 일어나기 쉬우니 소홀히 생각지 말라. 그리고 만사에 막힘이 많은 것은 운명이나 초조하지 않음이 상책이다. | 1·2월 가정에 근심이 있으니 상복을 입기 쉽다.<br>3·4월 남쪽의 친한 사람으로 인해서 우연히 시비가 생기겠다. | 5·6월 먼저는 좋지 않으니 나중에는 반드시 좋아지리라.<br>7·8월 달이 구름속으로 들어가니 동서를 분간키 어렵구나. | 9·10월 화환(禍患)이 지나가고 복이 오니 마음과 몸이 편하다.<br>11·12월 역마살이 몸에 와서 닿으니 원행하거나 분주하겠다. |
| **432**<br>옛말에 용마가 나면 장군이 생긴다는 말이 있는데 이 괘가 그러한 케이스에 속한다. 그러므로 여태까지 노력을 하던 사람은 그 공이 혁혁하게 빛나게 되는 좋은 괘상이다. 특히 학자들에게 더욱 길하다. | 1·2월 물고기가 용으로 변하니 의기가 양양하도다.<br>3·4월 다같이 풍성하니 만사람이 스스로 즐기는구나. | 5·6월 날랜 호랑이에 날개가 돋쳤으니 무엇을 겁내리오.<br>7·8월 귀인을 만나 그가 나를 도우니 생활이 태평하다. | 9·10월 재수가 있어 뜻대로 되나 구설이 따르겠다.<br>11·12월 가인이 한마음을 먹으니 이익이 그중에 있다. |
| **433**<br>이 괘는 음모, 음사, 음흉의 뜻이 있다. 그러므로 반드시 정직한 마음씨로 매사를 처리해야만이 흉함이 닥치지 않는다는 훈계가 들어 있다. 그것은 마치 어떤 일이 사람을 놀라게 하나 지나버리면 무사하듯이 아무런 손해가 일어나지 않는다. | 1·2월 가는 곳마다 패함이 있으니 움직인즉 불리하다.<br>3·4월 타인과 더불어 다투지 말고 타인에게 베풀지도 말라. | 5·6월 모든 일에 이득이 없으니 구해도 얻지 못한다.<br>7·8월 만약 질병이 침범치 않으면 구설이나 서로 다툼이 있겠다. | 9·10월 가을에 꽃이 피니 어찌 열매를 바라겠는가.<br>11·12월 험한 산길을 벗어나니 탄탄대로가 눈앞에 놓였구나. |

**441**
머지않아 봄천둥이 울리니 조급히 굴지말라, 운세의 막힘을 걱정하지 말라는 뜻이 있다. 봄풍이 얼음을 뚫고 나오는 고통, 그것은 만물이 초생에 겪는 필연의 생리이다. 그러므로 이 고비만 넘기면 무한한 발전이 있을 것이다.

1·2월 산으로 들어가 고기를 구하니 매사가 허황하다.
3·4월 뜻이 있으나 이루지 못하니 구하는 일은 모두가 허사이다.

5·6월 만리창공에 달빛이 교교한데 어찌 별안간 구름이 가리나.
7·8월 매사에 두서가 없으니 어찌 일에 매듭이 있으리오.

9·10월 호랑이를 그리다가 안되고 반대로 고양이가 됐구나.
11·12월 길운이 이미 돌아왔으니 힘껏 밀고 나가야 한다.

**442**
귀매란 돌아간다. 또는 남자가 궁하다는 뜻이 있다. 그러므로 노인이 이 괘를 얻으면 수명이 위험하고 여자(특히 처녀)가 이 괘를 얻으면 시집을 가는 운세가 있다. 그러나 사업가에서는 극히 좋지 않아 자금의 회전이 두절된다.

1·2월 신수가 곤궁하니 나간들 무슨 소용이 있겠는가.
3·4월 걱정하는 마음이 그치지 않으니 밤에 잠을 못 이룬다.

5·6월 흉을 피하러 동쪽으로 갔더니 마음의 근심이 더한다.
7·8월 입을 꼭 다물고 있으라. 그러면 평안하리라.

9·10월 동산에 해가 솟으니 만방이 다 빛이 나는구나.
11·12월 호랑이 꼬리를 밟은 격이니 위험이 숨어 있다.

**443**
봄천둥이 울어 만물이 무럭무럭 자라 가을이 되어 황금물결이 춤을 추는 현상이 그대로 나타난 괘이다. 그러므로 홀아비는 장가가고 노처녀는 시집가며 군자는 벼슬하고 사업가는 크게 이익을 얻으며 사랑하는 사람끼리는 희망찬 앞날을 설계하게 된다.

1·2월 분수를 지켜 편안히 있으면 하늘에서 복을 내린다.
3·4월 의외로 공명을 얻으니 그 이름이 사방에 떨치게 된다.

5·6월 내외가 불화하면 범사에 막힘이 오리니 조심하라.
7·8월 나가고 물러감에 길이 있으니 반드시 성공하리라.

9·10월 동산에 해가 솟으니 만방이 다 빛이 나는구나.
11·12월 귀인이 스스로 와서 도우니 소망이 성취된다.

**451**
대장(大將)이란 원래 기세좋게 나간다, 번성하다, 흥청댄다, 튼튼하다라는 뜻이 있는데 이제는 달리던 자동차가 바퀴가 빠져 나간 흉한뜻이 있으므로 현재의 성운에 자만하지 말고, 또한 안전사고에 주의를 해야 한다는 뜻이 있다.

1·2월 뜻이 높고 마음이 크면 반드시 성공하겠다.
3·4월 매사가 다 허황하니 절대로 망동하지 말라.

5·6월 말을 잘하면 재수가 있을 수이나 구설을 조심하라.
7·8월 날은 저물고 날씨가 추우니 나는 기러기 어디로 갈꼬.

9·10월 천리타향에 혈혈단신으로 낯익은 얼굴이 그립구나.
11·12월 곤궁한 중에 귀인이 도우니 백가지 일이 다 순조롭다.

**452**
과실을 저질렀다고 생각하는 것이 오히려 크나 큰 성과를 이루게 되는 이상한 운세이다. 또 군자가 그 덕을 변치 않으면 반드시 귀인이 도우리라 하는 괘도 있으므로 항심을 가져야한다. 그러면 재산이 따르는 좋은 운수이다.

1·2월 바람은 맑고 달은 밝은데 높은 누각에 한가히 누웠구나.
3·4월 동쪽 동산에 매화가 때를 만나서 만발했구나.

5·6월 헛된 것이 실제로 변하니 생각지 않던 재물이 생기겠다.
7·8월 인구가 불어날 수이니 생남의 기쁨이 오겠다.

9·10월 실물 수가 있다. 무조건 조심해야지 그렇지 않으면 망한다.
11·12월 용이 천문에 당도하니 황조가 스스로 오누나.

**453**
태양은 중천에 떠서 만방에 다같이 맑고 집안에 금옥이 꽉차있으니 무엇을 근심할 것인가. 만사람이 다 우러러보는 대길할 괘상이다. 또 해(解)란 해결된다, 풀린다, 어려움이 없어진다는 뜻이 있으므로 무슨일이든 다시 한번 시도하면 성케 된다.

1·2월 운이 열려 자신만이 아는 비밀스런 기쁨을 갖게 된다.
3·4월 가는 곳마다 이익이 있어 풍족하고 기쁘다.

5·6월 집안에 길한 경사가 있어 큰 기쁨이 생긴다.
7·8월 수성(水性)을 가까이 말라. 큰 실패가 오리라.

9·10월 여러가지 일에 결실을 맺게 되고 행하던 일들이 좋게 마무리된다.
11·12월 분수에 맞게 행동하는 것이 복을 부르는 일이다.

**461**
해(解)에 귀매(歸妹)가 붙으면 응결된다. 풀렸던 것이 동결된다는 좋지 않은 형상이 되게 된다. 그러므로 흉을 피하려다 오히려 더욱 흉함이 생긴다는 나쁜 뜻이 있으므로 많은 주의를 요하는데 이럴 때는 덕을 쌓고 태산같이 움직이지 않는 것이 상책이다.

1·2월 비록 재물을 얻었다 하더라도 열사람이 나누어 갖는 격.
3·4월 햇빛이 어찌 맑지 않겠는가. 그것은 구름이 햇빛을 놀림이다.

5·6월 사람의 말을 일체 듣지 말라. 그일은 허망하게 되리라.
7·8월 문서에 관한 일로 시비나 구설이 있기 쉽다.

9·10월 처나 자식에게 질병이 있기 쉬우니 단속을 철저히 하라.
11·12월 출행하면 해로우니 움직이지 않는 것이 현명하다.

**462**
모든 실력을 갖추고 양양한 대해를 향해서 물에 있던 배가 출범함과 같이 희망찬 새해에 첫발을 디딜 때이다. 사내 대장부가 큰 뜻을 얻으나 여섯 마필에 채찍을 가하여 먼길을 떠나게 되는 것이며 모든 일이 막힘이 없이 순조로이 성사 될 것이다.

1·2월 근심이 흩어지고 기쁨이 생기니 편안히 넘기리라.
3·4월 고기와 용이 큰 물을 얻으니 그 즐거움이 도도하도다.

5·6월 남아가 뜻을 얻으니 소망이 뜻대로 이루어진다.
7·8월 군자는 크게 이득 있으나 소인에겐 불리하다.

9·10월 집밖에 이익이 있으니 멀리 떠나면 좋겠다.
11·12월 우물안의 고기가 바다로 나가는 격이니 앞날이 양양하다.

**463**
이 괘는 동남풍이 비를 몰고와 오곡백과를 살찌게하는 좋은 뜻을 가지고 있다. 그러므로 관리는 승진하고 학자는 소망이 이루어지며 상인은 크게 이득을 볼 수 있는 대길한 괘상이다. 또 연인끼리 반드시 희망찬 앞날을 약속할 수 있는 좋은 배필이 된다.

1·2월 밝은 달이 동창에 비치는데 가인이 구슬을 갖고 노누나.
3·4월 동산의 복숭아나무에 꽃이 떨어짐은 열매를 맺기 위함이다.

5·6월 친한 사람이 남보다 못하니 내게 해를 끼친다.
7·8월 단비가 보슬보슬 내리는 격이니 백곡이 풍성하다.

9·10월 매사에 때가 있는 법이니 너무 서둘지 말라.
11·12월 몸과 마음이 화평하니 집안에 기쁨이 충만하다.

| | | | |
|---|---|---|---|
| **511**<br>이 괘는 남녀의 상쟁을 뜻하는 괘상이다. 그러므로 정당한 일이라고 판단하기 어려운 괘이며 또한 흉하다는 뜻이 있으므로 부지런히 자기할 바만 하고 타인과 다투거나 쓸데없는 일에 간섭만 하지 않으면 자연히 복이 돌아오게 된다. | 1·2월 가정에 질병이 있기 쉽고 하는 일마다 패한다.<br>3·4월 뜻이 높고 덕이 중하면 반드시 복록이 스스로 온다. | 5·6월 만약에 손재가 아니면 슬하에 근심이 있겠다.<br>7·8월 노력을 아무리 해도 그 대가가 나타나지 않는다. | 9·10월 신운이 불리하니 거리에서 차조심을 해야한다.<br>11·12월 이득이 돌아오나 집안에 가만히 있어야 복이 더한다. |
| **512**<br>가인이란 글자 그대로 집사람이란 뜻을 가지고 있다. 남자라면 여자같은 사람, 아니면 운세의 침체 때문에 성격이 소심해진 상태를 말한다. 그러므로 험한 세파에서 견디지를 못하여 하는 일마다 여의치 않다는 뜻이다. | 1·2월 시운이 불리하니 나를 해치는 자가 대단히 많다.<br>3·4월 소복을 입게 되거나 자식에게 근심되는 일 생기겠다. | 5·6월 길가던 사람이 길을 잃었으니 진퇴가 양난이로다.<br>7·8월 마음만 컸지 이루어지는 일이 없으니 자기를 지킴이 상책이다. | 9·10월 매사가 경각에 달렸으니 급하게 처리해야 된다.<br>11·12월 처음엔 잃고 나중에 얻으니 선곤후길하리라. |
| **513**<br>중부(中孚)란 진실이란 뜻을 가지고 있다. 부란 손톱(爪)과 아들(子)이란 두글자가 결합된 글자로 어미새가 발톱 사이로 알을 품고 있는 형상이다. 이것은 누가 시켜서 하는것도 아니고 다만 자연의 섭리대로 진실한 하나의 상태를 나타낸 모양인 것이다. | 1·2월 진실성은 곧 당신에게 행운을 선사하는 열쇠가 된다.<br>3·4월 가는 곳마다 재수가 있으니 멀리 나가도 좋다. | 5·6월 일신이 스스로 편하니 집안에 환한 기운이 꽉 찬다.<br>7·8월 경영하는 일의 내용을 절대로 밖에 발표하지 말라. | 9·10월 태성(胎星)이 문안에 드니 잉태할 수가 있다.<br>11·12월 재물운이 따르니 작은 투자에도 큰 이익을 보겠다. |
| **521**<br>앞장에서 말했듯이 중부((中孚))란 새가 알을 발톱에 잡고 있는 상인데 환이란 풀린다는 뜻이 있어 알을 떨어뜨리는 상이므로 대단히 불길한 괘이다. 고로 잘 해보려고 마음먹었던 일은 의외로 틀어지고 관재 구설이 겹치기 쉬우나 형사에 관한 관리는 무관하다. | 1·2월 매사가 뜻과 같지 않으니 공연히 마음만 허비했도다.<br>3·4월 구름과 비가 하늘에 꽉찼으니 일월을 보지 못한다. | 5·6월 서쪽에서 온 사람이 반드시 재물을 축내리라.<br>7·8월 재앙이 가고 봄이 돌아오니 천신이 기(氣)를 돕는다. | 9·10월 하고자 하는 일을 했지만 돌아올 이득이 없다.<br>11·12월 성공과 실패가 반복되어 나타난다. |
| **522**<br>중부(中孚)가 이롭게 되니 이것은 새가 알을 까서 새끼를 얻은 기쁨이 되는 형상을 나타내는 괘상이다. 그러므로 생애를 하든가 인구가 불어나는 운세이며 또는 젊은 남녀는 불륜의 씨앗을 남기기 쉬우나 그 외에는 나쁜 것이 하나도 없다. | 1·2월 일마다 형통하니 의기가 양양하며 기쁨이 넘친다.<br>3·4월 집안에 길한 일과 경사가 있으니 재수가 크게 있으리라. | 5·6월 가문 날씨에 비가 오니 오곡이 풍성하다.<br>7·8월 사람과 더불어 일을 꾸미면 반드시 이익 있으리라. | 9·10월 이지러졌던 달이 다시 둥글게 되니 반드시 기쁜 일이 있다.<br>11·12월 쥐가 곡식청고에 들어갔으니 그리운 것 무어랴. |
| **523**<br>소축(小畜)이란 구름만 잔뜩 끼었지 비는 한방울도 내리지 않는 답답한 상을 나타낸 괘이다. 그리고 침체되었던 감정이 폭발된다는 뜻이 되어 남과 다투기 쉬우니 언쟁을 조심하고 화합하는 마음을 갖는 것만이 나쁜 운을 해소하는 길이다. | 1·2월 석양에 돌아가는 객이 가는 발걸음마다 기쁘기만 하다.<br>3·4월 시비에 참여하지 말라. 구설이 크게 있으리라. | 5·6월 한 물건을 가지고 서로 다투니 다같이 손해라.<br>7·8월 주색을 가까이 말아야 실패가 없을 줄 알라. | 9·10월 하늘에서 복을 주니 재물이 굴러들어온다.<br>11·12월 타인의 감언이설에 속지 말고 신중하게 하라. |
| **531**<br>점(漸)이란 움직인다는 뜻이 있고 또 자라난다. 무한히 발전한다는 좋은 뜻을 가지고 있다. 그리고 여자 그리고 여자는 반드시 결혼한다는 뜻이 있으므로 좋은 배필을 만날 것이다. 그리고 학자라든가 선거나 고시에 특히 좋은 괘이다. | 1·2월 집안에 있으면 근심만 있고 좋지 않으므로 출행함이 좋다.<br>3·4월 구름이 걷히고 맑은 하늘에 일월이 더욱 밝구나. | 5·6월 귀인이 와서 도우니 성공은 의심할 바가 없다.<br>7·8월 착한 행동을 하고 사악한 일을 물리쳐야 운이 따른다. | 9·10월 청룡이 물을 얻으니 조화가 무궁하다.<br>11·12월 만약에 어떤 사람이 유혹해와도 넘어가지 말라. |
| **532**<br>이 괘는 너무나 완고하고 완강하다. 그렇다고해서 위엄이 있는 아닌 무조건의 아집이다 라는 뜻이 있어 타인의 많은 비방을 받게 되는 좋지 않은 괘이다. 실패의 원인이 이와같은데서 오게 되므로 넓은 아량을 길러야 한다. | 1·2월 어둠을 등지고 밝은 데로 나왔으나 달빛이 안보인다. 집안에 있으면 마음이 심란하고 밖에 나가니 또 여의치 않다. | 5·6월 횡액수가 있으니 몸조심을 단단히 해야 한다.<br>7·8월 적은 것이 가고 큰 것이 오니 좋은 일이 있겠다. | 9·10월 어떤 일에 집착할 수가 없으니 공연히 마음만 심란해.<br>11·12월 매사가 분주하기만 하지 득되는 일은 하나도 없다. |
| **533**<br>이 괘는 길한 것도 흉한 것도 없다는 평범한 상이다. 따라서 크게 희망을 가질 것도 혹은 불운이 있더라도 낙망할 것도 없다는 뜻이므로 꾸준한 마음가짐으로 만사를 질서있게 처리하는 것만이 호운을 인도하는 방책이다. | 1·2월 어린 새가 높이 날고자 하나 날지를 못한다.<br>3·4월 새로운 일을 꾀하지 말라. 반드시 손해가 있으리라. | 5·6월 늙은 용이 여의주를 물었으니 어느 때고 성공하겠다.<br>7·8월 이별의 정을 아쉬워말라. 이별은 상봉의 징조이다. | 9·10월 초록강변에 단비가 때맞추어 내리니 만물이 무성해진다.<br>11·12월 험한 길을 지나면 반드시 좋은 길이 나온다. |

| | | | |
|---|---|---|---|
| **541** 이 괘는 하늘의 운행대로, 천도의 돌아가는 이치대로 순응하여 사노라면 지연히 복록이 스스로 몸에 따른 다는 격으로, 시비를 알고 억지를 쓰지 말고 그저 묵묵히 나가노라면 된다는 것이다. 이와같이 하면 만인이 다같이 그 덕을 쫓아 좋아진다는 뜻이 있다. | 1·2월 하늘의 운세가 안따르니 억지로 구해도 소용이 없다. 3·4월 험한 길을 다 지났는가 했더니 다시 태산이 가로막는구나. | 5·6월 허욕을 탐하지 말라. 욕망이 크면 손해가 크리라. 7·8월 마음은 크나 뜻이 약하니 빨리 이루고자 해도 이루지 못한다. | 9·10월 신수가 평범하니 친구와의 우정이나 돈독히 하라. 11·12월 푸른산 그림자속에 뭇새들이 다 모여 즐기는구나. |
| **542** 익(益)이 중부(中孚)를 만나면 실사의 뜻이 있다. 그러나 상복을 입게 된다든가 상사에 관련을 가지면 이런 액을 면한다. 따라서 교통사고라든가 물조심·불조심을 각별히 해야 하며, 모든 일에 중용을 지킴이 상책이다. | 1·2월 가내에 불행이 있으니 서로 이해를 함이 마땅하다. 3·4월 도둑을 조심하라. 이어지는 횡액이 염려된다. | 5·6월 매사가 이루어지지 않으니 몸과 마음이 불안하기만 하다. 7·8월 다리를 저는 말을 타고 어떻게 천리를 가겠는가. | 9·10월 길성(吉星)이 나를 비추니 먼저는 흉하나 나중에는 길하리라. 11·12월 계획성이 없으면 실패하니 지혜롭게 일을 처리해야 하겠다. |
| **543** 이 괘는 말이 성 앞에 다다라서 길이 두갈래로 나있으니 말머리를 어디다 돌려야 할 지 모른다는 격으로 난처한 입장에 놓여있는 형상이다. 남자는 양기를 거느려 어느 하나를 버릴 수 있기에 고민을 대단히 하는 수가 있다. | 1·2월 역마살이 문앞에 다다르니 업을 바꾸거나 어떤 변동이 있겠다. 3·4월 보통의 일이 다 불리하니 매사에 덤비지 말라. | 5·6월 집안을 지키고 가만히 있는것이 제일이다. 7·8월 분에 넘치는 일에 손대지 말라. 손해가 크리라. | 9·10월 하고자 하는 일이 자꾸만 어긋나니 심란하다. 11·12월 집안을 잘 다스리면 의외로 좋은 일이 생길 수. |
| **551** 이 괘는 부부간에 상쟁이 있거나 아니면 남자가 첩을 얻어 그 첩이 본처의 권리를 빼앗는다는 좋지 않은 괘이다. 아니면 자기의 권리가 남에게 뺏기는 격이니 대단히 주의와 깊은 사려를 해야만이 된다. | 1·2월 바람이 초목을 어지럽게 하니 꽃은 날리고 열매는 떨어진다. 3·4월 서남방에서는 벗을 얻으나 동남에서는 오히려 벗을 잃겠다. | 5·6월 새로운 일을 하기에는 시기상조. 그러나 길한 수. 7·8월 쌓인 눈이 아직 풀리지 않았으니 꽃이 언제 필까. | 9·10월 꾀하고자 하는 일이 허황하니 종내 얻은 것이 없다. 11·12월 백설이 분분한데 늙은 소나무가 외롭게 서 있구나. |
| **552** 이 괘는 모든 친한 사람들을 불러 놓고 잔치를 베푸는 격이다. 그러므로 기쁘고 경사로운 일 즉 결혼 등의 경사가 있겠으며 매사에 별 장애가 없이 도모하는 일이 잘 어루어지는 좋은 괘이므로 큰 희망을 가지고 힘껏 노력해야겠다. | 1·2월 동쪽에서 부는 바람이 화창하니 백가지 꽃이 다투어 핀다. 3·4월 문밖을 나가 동쪽으로 가면 귀인이 도우리라. | 5·6월 복이 있고 재물이 일어나니 금과 옥이 상자에 가득하다. 7·8월 잡스러움이 사라지고 복이 오니 일가가 안락하다. | 9·10월 때때로 덕을 쌓아 놓으면 일신이 반드시 좋은 일이 있으리라. 11·12월 음양이 화합하니 만물이 자연히 번성한다. |
| **553** 이 괘는 물에 있던 배가 물을 만나 출범하는 상으로 이제 비로서 숨은 실력이 나타나게 되는 대길한 운세이다. 그러므로 관리는 승진하고, 학자는 문광의 기쁨이 있고, 상인은 반드시 크나큰 이득을 보며, 연인들끼리는 소망이 달성되어 결혼할 수 있다. | 1·2월 비단옷에 수를 놓으니 그 빛이 더욱 휘황하다. 3·4월 신수가 왕성하니 하는 일이 다 잘되고 일신이 귀하게 된다. | 5·6월 하늘이 스스로 도우니 길하여 도무지 불리함이 없다. 7·8월 의외로 새사람이 들어와 생각지도 않았던 풍파가 일어난다. | 9·10월 운수가 대통하여 막힘이 없겠으니 항상 푸르다. 11·12월 마음의 밝기가 물과 같으니 어찌 근심이 있으리오. |
| **561** 이 괘는 생각지도 않던 돌발사고가 일어나서 갈피를 잡지 못할 뿐만 아니라 정신자체가 희미하여 자기가 갈 좌표를 뚜렷이 세우지 못하는 좋지 않은 괘이다. 그러므로 좋은 조언자를 구하여 의견을 좇는 것만이 상책이라고 본다. | 1·2월 쌓인 눈이 녹지를 않았으니 꽃소식은 언제나 올까. 3·4월 삼월에 꽃을 찾는 격이니 쓸데없는 일에 시간만 낭비한다. | 5·6월 공연히 고집을 부리면 반드시 낭패함을 당하리라. 7·8월 오동나무에 가을이 깊었으니 봉황새가 앉지를 않는구나. | 9·10월 만약에 횡액이 없으면 가내에 풍파가 일어난다. 11·12월 친한 사람의 말을 믿지 말라. 손해가 있으리라. |
| **562** 이 괘는 반드시 여자와 같이 일을 꾸며 크나큰 이득을 보거나, 아니면 여성에 관계되는 사업을 하면 반드시 막대한 이익을 볼 수 있다는 것을 나타내주는 괘이다. 그러나 남자가 바람을 피운다는 뜻도 포함돼 있다. | 1·2월 과녁에 화살을 쏘니 백발백중이구나. 3·4월 운세가 잘 풀리므로 재물이 우연한 중에 내집에 다다른다. | 5·6월 재물이 생기거나 결혼의 인연을 맺는다. 7·8월 아무리 높은 산이라도 운세가 따르니 쉽게 오르리라. | 9·10월 재운이 만당한 가운데 경영하는 일이 거듭 성공한다. 11·12월 병이 생길지도 모르는 운세지만 운수가 길하니 쉽게 치유된다. |
| **563** 노인이 이 괘를 얻으면 작고하기 쉬우니 조심해야 하나 젊은 사람에게는 심려할 바가 없다. 또 집을 짓는다는 뜻이 있어 모든 것을 건설하게는 되나 마음과 막상 하는 과업과는 많이 어지러지므로 조심이 많게 된다. | 1·2월 늙은 개가 갓을 쓰고 앉았으니 지나는 사람마다 조롱한다. 3·4월 복숭아꽃, 오얏꽃이 피어나나 벌과 나비가 날지를 않는다. | 5·6월 여관방 을시년스런 등불밑에 나그네의 마음이 처량하구나. 7·8월 쥐를 잡으려다 그릇을 깨니 보는 사람이 웃는다. | 9·10월 신상에 곤함이 있으니 한탄할 일들이 늘어간다. 11·12월 새로운 일을 꾀하지 말라. 하던 일이나 잘하기로 마음먹으라. |

| | | | |
|---|---|---|---|
| **611**<br>이 괘는 거센 물결을 이유도 없이 거슬러 올라가고자 만용을 부리다 큰일을 당한다는 뜻이 있다. 또 물기 없는 암석을 물이 나올 줄 알고 무조건 삽발을 믿고 가만히 자기 위치를 지키면 자연히 길하게 되는 운세이다. | 1·2월 물은 얕고 바람은 반대로 부니 배가 어찌 앞으로 가겠는가.<br>3·4월 언어를 삼가하라, 담장밖에 엿듣는 사람이 있다. | 5·6월 남과 더불어 하는 일에 별로 이득을 보지 못하리라.<br>7·8월 모이고 흩어짐이 일정치 않으니 시종이 희미하다. | 9·10월 흉한 것을 피하여 다른 길로 가니 더한 액운이 기다린다.<br>11·12월 액운이 걷히고 재운이 성하니 반드시 재물이 생긴다. |
| **612**<br>이 괘는 두드려라, 그러면 열리리라, 또 참아라, 그러면 복이 오리라 라고 하는 말을 그대로 표현한 괘상이다. 그러므로 항상 같은 마음으로 꾸준한 노력을 게을리하지 않는다면 당신의 앞에는 반드시 서광이 비친다는 운세이다. | 1·2월 동쪽에서 귀인이 와서 스스로 도와주리라.<br>3·4월 근심 가운데에도 한가닥 희망이 엿보인다. | 5·6월 바다에 파도가 일어나지 않으니 천하가 태평하다.<br>7·8월 마음에 사악함이 없으니 천금이 스스로 생기겠다. | 9·10월 처음에는 곤하나 뒤에는 이익이 있으니 때를 기다려라.<br>11·12월 고향땅에 편안히 머물고자 하는 것은 항심이다. |
| **613**<br>이 괘는 노력을 쌓고 또 쌓아 계단을 오르면 정상으로 다다르게 되는 인생의 정도를 나타내는 괘상이다. 그러므로 급진적이라든가 비약적인 발전을 기대하기는 어려우나 노력 여하에 따라 거북이도 토끼를 이길 수 있듯이 노력하면 성공할 수 있을 것이다. | 1·2월 문앞에 까치가 와서 우니 기쁜 소식이 오리라.<br>3·4월 단비가 때를 맞춰 내리니 초목이 무성해지리라. | 5·6월 매사가 순조롭게 이루어지니 몸의 병도 스스로 낫는구나.<br>7·8월 동남 양쪽에서 귀인이 와서 반드시 도와주리라. | 9·10월 산해진미가 상위에 가득하나 어디로 수저를 돌릴까.<br>11·12월 숨은 용이 여의주를 얻으니 머지 않아 승천하리라. |
| **621**<br>이 괘는 시꺼먼 물이 동그라미를 그리며 휘말려 들어가는 흉한 상을 가지고 있는 상으로 화류계나 물장수에 종사하는 사람이면 오히려 무관하나 반드시 젊은 여자들은 정조를 더럽힐 우려가 있으니 각자 자기가 앞날을 위해서 현명한 방책을 모색하기 바란다. | 1·2월 내외가 딴 마음을 먹고 있으니 어찌 재수가 있으리오.<br>3·4월 깊은 산기슭을 돌아가는 길에 광풍이 갑자기 불도다. | 5·6월 머뭇거리고 결단을 내리지 못하니 마음이 약한 탓이리라.<br>7·8월 비바람과 눈보라가 겹치니 행인의 발걸음이 총총걸음이다. | 9·10월 짚을 지고 불속으로 들어가니 그 어리석음을 어디다 비길까.<br>11·12월 먼저는 어려움이 있었으나 나중에는 자연히 풀린다. |
| **622**<br>둔(屯)이란 싹이 자라고자 하나 기후의 장애가 있어 자라나지 못하는 뜻이 있어 고통을 의미한다.<br>또 새가 알을 까고 나오는 과정이다. 그러니까 인생의 한 시련을 의미한다. | 1·2월 사방에 나갈 문이 없으니 향할 곳을 어디에 정할까.<br>3·4월 밤길에 비를 만났으니 고통이란 말할 수 없다. | 5·6월 친한 사람을 믿지 말라. 반드시 해가 돌아오리라.<br>7·8월 늙은 호랑이가 병으로 누웠는데 이리마저 덤비는구나. | 9·10월 산에 들어가 호랑이를 만났으니 진퇴가 양난이다.<br>11·12월 얼음이 풀리고 녹으니 머지않아 꽃이 피겠다. |
| **623**<br>이 괘는 큰 뜻을 품고 시골에서 서울로 과거를 보러 오는 선비의 형상을 나타낸 괘상인데 반드시 급제를 할 수 있다는 대길한 괘상이다. 그러므로 공무원은 승진하고 학생은 합격하며 상인은 크게 이득을 보며 노처녀도 시집가게 된다. | 1·2월 봄바람은 솔솔 부는데 제비가 지저귀니 새끼가 화답하도다.<br>3·4월 좋은 벗이 멀리서 찾아주니 주연이 도도하다. | 5·6월 가는 곳마다 재물이 가득하고 내가 원하는대로 내 곳간에 쌓인다.<br>7·8월 하는 일을 중도에 그치지만 않으면 반드시 성공한다. | 9·10월 지혜도 있고 재주도 있어 의외의 일에도 충분히 성공한다.<br>11·12월 아들을 얻고 딸을 낳으니 영화가 무궁하여 만사가 형통하리라. |
| **631**<br>역경(易經)에 말하기를 군자는 절름발이를 보면 정지한다. 이것은 곧 군자의 슬기로움이라고 말했다. 그러므로 이런 괘가 나오면 절대로 자기 스스로의 능력을 파악하여 분수를 기함이 제일인 것은 물론 분수에 넘치는 일을 하다가 불길한 일을 당한다. | 1·2월 밝은 것이 어두운 것으로 변하니 먼저는 길하나 나중이 나쁘다.<br>3·4월 눈이 녹지 않았는데 어떻게 죽순이 나오겠는가. | 5·6월 덕을 쌓은 집안에는 반드시 경사가 있는 법이다.<br>7·8월 자라나는 용의 형상이니 실력배양을 더하면 대성하리라. | 9·10월 교시한 사람을 삼가하라. 속아넘기 쉬우리라.<br>11·12월 뜻밖에 좋은 일이 있겠다. 힘껏 노력하라. |
| **632**<br>기다려라, 참는 것이 미덕이다. 참는 자는 복이 있나니라는 뜻이 있으므로 자기의 위치를 지키는데 동요하지 않는 것이 상책이다. 이동이나 변동수가 있으므로 절대로 삼가하고 딱딱한 돌위에서도 삼년이란 모토를 가짐으로써 성공하는 운세이다. | 1·2월 범의 꼬리를 밟는 격이니 되는 일이 없고 질병에 걸리겠다.<br>3·4월 사람의 말에 현혹되지 말라. 불길한 운세 있다. | 5·6월 꾀하는 일은 많으나 뜻대로 되는 일이 없다.<br>7·8월 씨앗을 돌위에 뿌려놓고 싹나오기만을 기다린다. | 9·10월 산에 올라가 낚싯대를 드리우고 있으니 고기가 잡힐리가 없다.<br>11·12월 사방으로 분주히 돌아다니나 도무지 이익이 없다. |
| **633**<br>새는 알을 까고 나온다. 그것은 생명이 있는 만물의 고초이다. 운이 좋지 않다는 것은 앞으로 올 당신의 행운에 밑거름인 것이다.<br>연꽃은 진흙속에 피어 아름다움을 나타내듯이 일시적인 고통이란 장래에 크나큰 도움을 제공한다. | 1·2월 맹호가 함정에 빠졌으니 그 위용이 무슨 소용이 있겠는가.<br>3·4월 우뢰가 백리를 놀라게 하나 소리만 크지 형태는 없다. | 5·6월 오리무중이니 앞길이 컴컴하여 헤어날 방법이 없다.<br>7·8월 서광이 비친다. 반드시 귀인이 도우리라. | 9·10월 이 세상 처세에서 참는 것이 가장 좋은 것임을 알라.<br>11·12월 불을 조심하라. 아니면 횡액이 침범하게 된다. |

| 번호 | 총운 | 1·2월 / 3·4월 | 5·6월 / 7·8월 | 9·10월 / 11·12월 |
|---|---|---|---|---|
| 641 | 이괘는 용이 하늘로 올라가려다 오르지 못하고 뱀이 되어 버렸다는 안타까움을 가지고 있는 괘상이다. 그러나 너무 낙심할 것까지는 없고 자신의 몸을 도사려 다시 한번 재기한다면 성공은 틀림이 없으며 오히려 그 공이 더욱 크게 나타나게 된다. | 1·2월 좋은 친구를 만나면 성공의 문을 여는 돌파구가 되리라.<br>3·4월 하는 일에 두서가 없으니 꾀하는 바를 이루지 못한다. | 5·6월 봄빛이 아름다우니 꾀꼬리 소리가 태평하도다.<br>7·8월 사람과 다투지 말라. 경찰서 신세를 지게된다. | 9·10월 배고픈 사람이 얻었으니 기쁨이 넘친다.<br>11·12월 희망을 가지고 일하면 반드시 보답이 오리라. |
| 642 | 이 괘는 세밀한 정신을 갖추지 못하여 지나간 버스 손 드는 격으로 적재 적소를 포착하지 못하여 실패를 보게 되는 운세이므로 진실한 조언자가 필요할 때이다. 그러므로 친지나 선배에게 상의하여 매사를 처리하도록 하자. | 1·2월 진주를 구하려면 바다로 가야되는데 산에 가서 구하고 있다.<br>3·4월 여자와 술을 삼가하라. 실패가 바로 여기에 있다. | 5·6월 천리길이 조급하지만 늙은 말에 채찍을 가한들 무슨 소용이 있나.<br>7·8월 오랜 병끝에 환자가 우연히 명의를 만난 격. | 9·10월 분수에 넘치는 일은 절대로 탐하지 말라.<br>11·12월 동산에 봄기운이 도니 백가지 꽃이 피리라. |
| 643 | 둔(屯)이란 것은 싹도 나오지 못했다. 아직 유치하다라는 뜻이 있고 기제(旣濟)란 완성했다. 더 발전할 것이 없다는 뜻이 있으므로 둘이 다같이 중화형평(中和衡平)을 이루어 완전한 균형이 맞게 되어 대단히 좋은 운세의 작용을 하게 된다. | 1·2월 영험한 까치가 문앞에 와서 길한 소리가 다 모인다.<br>3·4월 눈이 풀리고 얼음이 다 녹으니 초목이 봄을 다툰다. | 5·6월 낮은 곳에서 높은 곳으로 올라가니 모든 사람이 우러러 본다.<br>7·8월 백성이 편안하니 윗사람이 덕치를 하기 때문이다. | 9·10월 형이야 아우야 하던 사람이 내게 손해 보이리라.<br>11·12월 백마에 은안장을 앉히니 남아가 뜻을 얻은 운세. |
| 651 | 이 괘는 많은 노력을 들여 우물을 파서 물이 콸콸 솟으니 뚜껑을 닫지 말자. 왜냐하면 동네 사람들 다같이 마실 수 있는 혜택을 베풀어야지 아니면 인심을 잃게 된다는 것을 말해 주는 좋은 괘상이다. | 1·2월 비온뒤에 달이 나온 격이니 새로운 국면이 펼쳐지리라.<br>3·4월 남이 헛되다고 하는 일도 내가 손을 대면 성공할 수 있다. | 5·6월 달밝은 임야에 미인이 스스로 걸어오나 지나치게 쫓지는 말라.<br>7·8월 신고(辛苦)를 한탄말라. 하루 아침에 형통할 수 있다. | 9·10월 지금은 때가 아니니 다음 달에 새 일을 도모하라.<br>11·12월 처궁(妻宮)에 액이 있으니 질병을 조심해야겠다. |
| 652 | 이제부터 운이 열리기 시작한다. 조급히 굴면 오히려 손해를 초래한다. 누구나 좋은 운이 오려면 고통은 더욱 심할 것이다. 당신에게 하늘에서 큰 임무를 맡길 때는 반드시 마음에 고통을 주고 몸을 마르게 하며 하는 일을 불성케 한다는 맹자의 말씀을 명심하라. | 1·2월 곧은 마음을 가지고 한 곳으로 나가면 하늘이 스스로 돕는다.<br>3·4월 너무 고집을 부리지 말라. 횡액이 있기 쉽다. | 5·6월 하늘에서 단비가 내리니 오곡이 소생하도다.<br>7·8월 중천에 햇빛이 높게 떴으니 바라던 일이 성취된다. | 9·10월 구월 단풍에 강산이 붉으니 어찌 집에만 있겠는가.<br>11·12월 어디를 가나 좋은 일이 있으니 불만이 없을 것이다. |
| 653 | 시꺼먼 흙탕물이 소용돌이를 치며 무섭게 돌아가 한 번에 나오지 못하는 뜻을 가진 흉상이다. 그러므로 집안에 앉아 학문을 연구한다든가 공부를 하는 일에 오히려 대길하나 그 외에는 하나도 좋을 것이 없다는 나쁜 괘상이다. | 1·2월 밤길을 가다가 등불을 잊었으니 갈길이 막연하다.<br>3·4월 가뭄이 계속되니 비를 기다리는 초목이 자라지 못한다. | 5·6월 한 손으로 화살을 당기나 얼마나 나가겠는가.<br>7·8월 늙은 당나귀가 짐을 싣고 꾀를 부리니 어쩔 것인가. | 9·10월 분수를 지키고 집에 머무르는 것이 생활에 안전하다.<br>11·12월 슬하에 액이 끼겠지만 그다지 큰 걱정거리는 아니다. |
| 661 | 구중이란 뜻은 대궐을 말하는 것이고 단계(丹桂)란 것은 벼슬을 얻어 면류관을 쓰게 된다는 뜻이다. 그러므로 뜻하는 바가 이루어지고 아들을 낳을 수도 있으며 내 문전에 사람이 많이 모여 소위 문전성시를 이룬다는 좋은 괘상이다. | 1·2월 관직에 올라 이름을 날리지 않으면 슬하에 경사가 있다.<br>3·4월 남과 다투면 이로운 일이 없을 것이다. | 5·6월 무역을 하면 그 이익이 백배가 넘게 되리니 무척 좋다.<br>7·8월 매사에 마가 끼기 쉬우니 출행하면 화가 있기 쉽겠다. | 9·10월 지위는 높아지고 재산도 많아지니 사람마다 우러러본다.<br>11·12월 상가집에 가지말라. 질병에 걸리기 쉽다. |
| 662 | 이 괘는 고생끝에 복이 온다는 괘상이다. 또 금의 환향하니 모든 사람들이 우러러보게 된다는 말할 수 없이 좋은 괘상이다. 결혼하면 좋은 배필을 만나고 학자는 과거에 급제하며 상인은 크나큰 이득을 보게 되는 좋은 운세이다. | 1·2월 길한 별이 내 몸을 비치니 모든 일이 뜻과 같으리라.<br>3·4월 외방(外方)에 쓸데없는 일을 벌이지 말라. 손해를 보게된다. | 5·6월 명월과 청풍이 누구를 위해서 있는가. 갈길이 너무나 바쁘다.<br>7·8월 재물이 나를 따르니 많은 덕을 베풀어야 더욱 좋다. | 9·10월 금은과 비단이 집에 가득하니 더 그리울 것이 무언가.<br>11·12월 옛것을 지켜 분수를 알라. 그러면 편안해질 것이다 |
| 663 | 이 괘는 별로 탐탁치 않던 일이 알고 보니 참으로 잘 되었다는(轉禍爲福)것으로 의외로 횡재수가 있다. 속담에 편이 떡보다 낫다는 말과 서로 비슷하므로 망설이지 말고 무조건 마음내키는 대로 일을 꾸미면 안되는 일이 없으리라. | 1·2월 먼저는 곤궁하나 나중에 여유가 생길테니 염려하지 말라.<br>3·4월 어린아이가 젖을 먹는 격이니 즐거움이 도도하다. | 5·6월 때를 타서 매진하라. 그러면 공로가 백중하리라.<br>7·8월 맑은 강물에 낚시를 던지니 마음이 태평하겠다. | 9·10월 사리대로 일을 처리하면 반드시 형통할 운세이다.<br>11·12월 적은 것을 가지고 크게 만들어내는 수완이 뛰어나다. |

### 711
반드시 어려운 것이 풀리고 이름이 많이 날 수 있는 좋은 괘이다.
인사를 받는다는 뜻이 있고 망신을 당한다는 뜻도 약간 함축되어 있으니 몸가짐만 삼가한다면 당신의 일은 성공을 염려할 바가 없다.

- 1·2월 비는 순하게 내리고 바람이 조화로우니 만물이 번식한다.
- 3·4월 우연히 밖에 나갔다가 귀인을 만나 좋은 일을 보리라.
- 5·6월 이름도 떨치고 이득도 보니 사람마다 치하를 아끼지 않는다.
- 7·8월 동풍이 따스하게 불어오니 복숭아·매화가 서로 봄을 다툰다.
- 9·10월 푸른 새가 와서 좋은 소식을 전하니 어찌 기쁘지 않겠는가.
- 11·12월 빨리만 서둘지 말라. 반드시 성공할 수 있을 것이다.

### 712
이 괘는 무엇이든지 될듯 될듯 하면서 감질만 나고 이루어지지 않는 뜻을 가지고 있다. 그렇다고 아주 포기해 버리기도 미련이 남아 어찌할바를 모른다는 뜻이 있으나 끝끝내 밀고 나가면 반드시 좋은 일이 있을 것이라는 괘상이다.

- 1·2월 출행을 하지말라. 그러면 반드시 손해가 따른다.
- 3·4월 이사하면 길하고 좋은 일이 겹쳐 생기리라.
- 5·6월 친구간에 불리함을 당하기 쉬우니 사업상으로는 기피하라.
- 7·8월 집안에 있으면 몸이 곤하니 사방을 찾아다님이 좋다.
- 9·10월 공연히 분주하면서 소득은 없다. 행동에 주의하라.
- 11·12월 특별히 차를 조심하라. 아울러 불조심도 하라.

### 713
손(損)이란 것은 손해를 본다는 뜻이 아니고 희사한다는 뜻도 있는 것이다. 그러므로 투자하든가 도와준다든가 하는 일은 나중에 나에게 반드시 그 보답이 오게 된다는 인정이 넘치는 좋은 괘상이므로 주저하지 말고 마음껏 봉사정신을 발휘하도록 하라.

- 1·2월 맑은 연못에 금붕어가 자유롭게 노니는 형상이다.
- 3·4월 친한 사람끼리 서로 화답하니 만사에 막힘이 없겠다.
- 5·6월 보슬비가 봄풀을 적시니 만물이 무럭무럭 자란다.
- 7·8월 하나를 얻으면 하나를 잃으니 무해무득하다.
- 9·10월 동쪽에서 귀인이 나타나 크게 돕는다. 죽은 사람도 살아날 운세.
- 11·12월 지출이 심히 많겠다. 적절한 조치를 하도록 하라.

### 721
산에는 수목이 울창하고 골짜기에 흐르는 물이 한없이 맑아 앞으로 무한히 발전할 수 있는 청년의 기상을 나타낸 괘이다.
그러므로 현재의 고통은 미래에 대성을 안겨 준다는 뜻이 있으므로 마음껏 노력하도록 하라.

- 1·2월 원기가 넘쳐 흐르니 그것은 청년의 생기있는 모습.
- 3·4월 근심도 없고 염려할 바도 없으니 이것이 곧 신선한 생활.
- 5·6월 봄수풀에 단비 내리니 백화가 서로 다투어 핀다.
- 7·8월 가고오음이 일정치 않으니 매사에 두서가 없다.
- 9·10월 목성(木星)을 가까이 말라. 크나큰 해를 보리라.
- 11·12월 두문불출하는 것이 제일 좋으니 외출하지 말라.

### 722
이 괘는 딱딱한 음식을 입안에 넣고 아무리 씹어도 깨어지지 않는다는 상으로 대단한 어려움을 나타내는 괘상이다. 또 입씨름이란 뜻도 가지고 있으므로 언쟁을 삼가하지 않으면 반드시 송사나 관재 구설이 생기게 된다.

- 1·2월 날고자 하나 날개가 없으니 뜻만 괴롭도다.
- 3·4월 쥐를 잡으려고 던진 몽둥이가 그릇만 깨었구나.
- 5·6월 기쁨도 많고 노함도 많으니 희로가 한결같지 않다.
- 7·8월 내가 하고 싶지 않은 일은 남에게도 시키지 말라.
- 9·10월 매사에 임해서 결단을 내리지 못하니 조언자를 구하라.
- 11·12월 집밖에 나가 돌아다녀도 좋은 일 없으리라.

### 723
이 괘는 너무나 자신을 믿고 맹진하다가 크나큰 실패를 할 뿐만 아니라 많은 조언을 해줄 사람을 얻지 못한다는 좋지 못한 괘상이다.
그러므로 겸허하여 마음을 부드럽게 하고 남을 인정해 주는 심덕을 기르자.

- 1·2월 해는 저물고 갈길은 머니 나그네 마음이 조급하기만 하다.
- 3·4월 남의 시비에 참여하지 말라. 우연한 횡액이 있으리라.
- 5·6월 북쪽은 불리하니 그 길을 피해서 행하도록 하라.
- 7·8월 귀인을 만나면 성공하겠으나 아니면 할 일을 찾아야 한다.
- 9·10월 금계(錦鷄)가 새벽을 알리니 머지않아 해가 뜰 징조이다.
- 11·12월 정직하고 곧은 마음으로 반드시 남이 먼저 안다.

### 731
이 괘는 산을 넘고 또 넘어서 드디어 탄탄대로로 나온 격이 되는 괘상으로 모든 어려움이 풀려 뜻대로 되어 나가는 운세이다. 그러므로 관리는 영전의 기쁨이 있고 학자는 고시에 합격하며 상인은 크게 이득을 볼 수 있는 대길의 수이다.

- 1·2월 좋은 기회가 돌아오니 모든 일이 생기를 띠고 순조롭게 진행되겠다.
- 3·4월 하늘에서 스스로 도와주니 불리함이 없겠다.
- 5·6월 그림의 떡을 보는 것과 같으니 허욕을 부리지 말라.
- 7·8월 인정이 있는 사람을 가까이 말라. 흉함이 많고 길함이 적겠다.
- 9·10월 비리로써 처사를 하지만 않으면 모든 사람이 도우리라.
- 11·12월 봉황새가 이른 아침에 우니 태평한 기상이라.

### 732
대축(大畜)이란 크게 쌓아 놓는다는 뜻을 가지고 있다. 그리고 또 더디다, 느리다 하는 뜻으로 조급하게만 굴지 않으면 대기만성이 되고 나중에 크게 성공을 하게 되는 것이다. 연인사이라면 결혼이 좀 늦게 이루어질 것이다.

- 1·2월 남쪽에서 올라온 사람이 우연히 나를 도우리라.
- 3·4월 바람은 구름을 헤치니 좋은 별이 나를 비친다.
- 5·6월 근심이 있는 중에 기쁨이 생기니 화기가 집에 가득하다.
- 7·8월 뜻하는 바가 여의하니 맨손으로 모든 것을 이루리라.
- 9·10월 우뢰소리가 백리가 놀라게 하나 소리만 있지 형체는 없다.
- 11·12월 너무 한가하다고 쓸데없는 일에 간섭하면 구설이 생긴다.

### 733
이 괘는 노력한 성과가 혁혁하게 빛난다. 또는 한 남자에 두 여자가 매달려 있는 뜻이 겸하여 있다. 그러므로 남자는 여자만 주의를 하고 젊은 여자는 스캔들만 조심을 하면 무난하고 그 외에는 모든 것이 형통되는 대길의 운수이다.

- 1·2월 바다에서 진주를 구하고 꽃은 피어 열매를 맺었도다.
- 3·4월 십년동안 노력한 것이 오늘날에야 영화를 보는구나.
- 5·6월 오곡이 풍요하니 풍년가 소리가 천지에 꽉 찼구나.
- 7·8월 하늘이 나를 도우니 가내에 재앙이 없겠다.
- 9·10월 한가지 일에 힘을 쓰라. 한꺼번에 두마리의 토끼를 못잡는다.
- 11·12월 위를 보고 걸어라. 큰 것이 보이리라.

| | | | |
|---|---|---|---|
| **741**<br>여섯 말에 안장을 얹고 남아가 뜻을 얻었으니 나아가리라. 또는 대사업을 일으키리라 아니면 개업하리라 하는 뜻이 있다. 대체로 운세상으로는 대단히 길게 작용을 하나 주거의 불안정함이 나타남으로 거처를 분명히 할 것. | 1·2월 홀연히 은인을 만나 하는 일에 좋은 결과가 오리라.<br>3·4월 한마음을 가지고 꾸준히 나가면 성공이 눈앞에 있다. | 5·6월 돛단배가 순풍을 만나니 천리길이 무슨 걱정이리오.<br>7·8월 밖에 나가보아도 별로 길하지 않으니 집안에서 지내는 것이 좋다. | 9·10월 양인이 서로 술을 대작하니 취기가 도도하다.<br>11·12월 몸을 삼가고 비용을 절약하면 모든 일이 뜻대로이다. |
| **742**<br>이 괘가 나오면 무조건 희망하라. 그리고 도와주라. 또 덕을 베풀어라. 덕을 쌓은 집에 반드시 경사가 있다는 뜻을 나타내 주는 형상이다. 그러므로 어떤 일을 해도 바른마음만 가지고 도모를 한다면 안될 것이 없다는 운세이다. | 1·2월 이른 아침에 까치가 와서 우니 기쁜 일이 있겠다.<br>3·4월 쥐가 곡식창고에 들어간 격으로 아무 근심이 없다. | 5·6월 꾀한 일은 순풍에 돛단듯 순조롭게 진행된다.<br>7·8월 청룡이 하늘에 오르는 격이니 더이상 바랄 것이 없다. | 9·10월 얕은 물에서 고기를 잡으니 어렵지 않게 잡는다.<br>11·12월 좋은 일을 하라. 그러면 온갖 복이 모이리라. |
| **743**<br>이 괘는 웃음 속에 칼을 품고 있다. 또는 꿀속에 비상이 들어있다는 뜻이 있으니, 남을 속이려가는 오히려 큰코를 다친다는 뜻이 있으므로, 정직하고 거짓이 없어야만이 나쁜 운세를 벗어나는 길이므로 절대로 누구의 말이든 현혹되면 안된다는 것을 뜻한다. | 1·2월 날고자 하나 날개가 없으니 아쉽기만 하다.<br>3·4월 눈을 감고 새를 잡으려 하니 남을 속이는 격이다. | 5·6월 타인의 말을 듣지 말라. 반드시 손해를 본다.<br>7·8월 십년간 칼을 갈았으나 한 번도 써보지 못했구나. | 9·10월 도둑을 조심하라. 실물수가 가히 두렵도다.<br>11·12월 높은 곳에 올라가지 말라. 낙상수가 있다. |
| **751**<br>이 괘는 마음이 조급하여 급히 서둘면 반드시 실패함을 암시한다. 또 집안 도둑을 삼가하라는 뜻이 있으므로 많은 주의를 해야 한다. 그러므로 만사는 새옹지마 라는 격언을 거울삼아 매사에 천천히 따른다면 별다른 탈은 없게 된다. | 1·2월 급하게 뛰다 넘어졌으니 도리어 일이 늦어지는구나.<br>3·4월 입을 다물고 혀를 묶어라. 그래야 화가 없다. | 5·6월 어둠을 등지고 빛을 향해 나오니 조금씩 광명이 다가온다.<br>7·8월 술을 즐기고 꽃을 탐함은 얼마나 좋은 일인가. | 9·10월 사슴을 쏘았는데 토끼가 맞았으니 소망을 못 이루었도다.<br>11·12월 삼년간 쌓은 공이 하루아침에 빛났구나. |
| **752**<br>이 괘는 만사가 뜻과 같이 안된다든가 또는 나쁜 일이 있다든가 하는 등의 일은 없지만 공연히 마음에 불쾌함이 가시지 않고 권태로움을 느낄 괘이다. 그러므로 직업을 가진 사람은 사표를 내려 하고 상인은 의욕이 나지 않을 때나 여행을 하면 좋다. | 1·2월 백가지 일에 흠이 없으니 무엇을 탐하겠는가.<br>3·4월 처궁(妻宮)에 재액이 있기 쉬우니 건강을 주의하라. | 5·6월 연못에 바람이 일어나니 어찌 잔잔하리오.<br>7·8월 좋은 일이 당도하니 날쌘 호랑이에 날개까지 달린듯. | 9·10월 친한 벗과 마주 앉으니 옛정이 되살아난다.<br>11·12월 자손에 걱정이 있기 쉽다. 건강에 유의하라. |
| **753**<br>이 괘는 물용취녀(物用取女)라 해서 반드시 여자 관계를 신중히 하라는 암시가 있다. 왜냐하면 운세 자체가 부정한 여성과의 인연이 있는 괘상이므로 여난이 반드시 따르게 되며 아니더라도 여자와 하는 일은 무엇이든지 안된다는 뜻이 있으니 결혼도 불가하다. | 1·2월 구슬이 물깊은 곳에 있는데 파도는 더욱 심하다.<br>3·4월 감언이설에 속지말라. 손해가 크게 닥쳐오리라. | 5·6월 할일이 없어 놀고 있으니 어디를 가든 일이 없으리라.<br>7·8월 바깥 재물에 욕심을 탐하지 말고 교통사고를 주의하라. | 9·10월 배를 타고 노를 젓는데 바람이 불어 뒤를 밀어준다.<br>11·12월 좋은 운이 돌아왔으니 자연히 성공하게 되리라. |
| **761**<br>이 괘는 날개도 달지 않고서 날려하는 격으로 아직 자기의 실력 부족을 모르고 함부로 말을 하는 것이다. 그러므로 자기의 분수를 지키고 내민 돌에 먼저 채인다는 속담을 잘 새겨 절대로 망동하면 좋지 않다는 것을 알아야 할 것이다. | 1·2월 호랑이가 북해를 건너게 되었으니 추위를 당할 수가 없다.<br>3·4월 길한 운세가 가까이에 없으니 참고 기다려라. | 5·6월 출행을 하지 않으면 이사라도 할 수 이다.<br>7·8월 맹호가 함정에 빠졌으니 그 용맹이 무슨 소용인가. | 9·10월 다른 사람과 더불어 하는 일은 그 해가 적지 않으리라.<br>11·12월 문서상으로 좋지 않은 일이 있기 쉬우니 검토하기 바란다. |
| **762**<br>이 괘는 머뭇거리지 말라. 지금이 찬스다. 당신의 실력은 완전히 인정을 받게 된다 라는 좋은 운세를 갖고 있으니 주저 말고 마음껏 노력하도록 하라. 여성에겐 남성과 같이 크나큰 일을 경영한다든가 여사장 소리를 듣는 사람에게 특히 좋다. | 1·2월 복록이 하늘에서 절로 내려오니 마음을 굳게 먹자.<br>3·4월 때는 봄철인데 어느 선녀가 가야금을 뜯는고. | 5·6월 만약 아들을 낳지 못하면 식구가 늘겠다.<br>7·8월 호랑이를 길렀으니 커서 산으로 돌아가게 된다. | 9·10월 그릇은 차면 넘고 만물은 번성한 후 쇠하여진다.<br>11·12월 고기가 변하여 용이 되었으니 반드시 경사가 있으리라. |
| **763**<br>이 괘는 까치와 나뭇가지 하나를 물어다 집을 짓는다는 뜻을 가지고 있는 상으로 다시 말해서 티끌모아 태산이라는 격이다. 그러므로 이런 괘상이 나왔을 때 차분히 저축을 한다면 자기도 모르게 크나큰 돈을 예축할 수 있게 된다. | 1·2월 음양이 한데 배합하니 만물이 생기가 도누나.<br>3·4월 단비가 내리니 수목이 무럭무럭 자란다. | 5·6월 적은 것은 사라지고 큰 것을 얻게되니 실력이 나타난다.<br>7·8월 계속해서 풍년이 든 격이니 오곡이 진진하다 | 9·10월 순풍에 돛을 다니 천리길도 단숨에 가는구나.<br>11·12월 이름을 이루고 이득을 얻으니 주위에서 추앙한다. |

| | | | |
|---|---|---|---|
| **811**<br>이 괘는 윤변대길(允辯大吉)이라 하여 태평성세가 계속됨을 나타내는 괘이다. 그러므로 관리는 영전하고 학자는 소망을 이루며, 평범한 이도 크나큰 이득을 얻을 수 있으며, 부부는 화평하고 연인끼리는 결혼할 수 있으며, 만사에 막힘이 없는 좋은 운세가 작용한다. | 1·2월 바람이 일어나 구름을 거두니 하늘과 바다가 함께 푸르다.<br>3·4월 운이 다다르고 때가 왔으니 자연히 성공하리라. | 5·6월 몸을 닦고 수양을 하면 재액이 어찌 닥치겠는가.<br>7·8월 손님이 찾아오면 반드시 공경하라. 그러면 화가 없으리라. | 9·10월 재물이 북쪽에 있으니 그쪽으로 가면 길하다.<br>11·12월 교묘하게 일을 꾸미면 반드시 졸작이 되고 만다. |
| **812**<br>이 괘는 명지명덕(明知明德)이 있어 군자가 행할 바를 어기지 않고 나아가기 때문에 모든 사람들이 그 덕에 순화되어 따르게 되는 좋은 괘상이다. 그러므로 어떠한 일을 해도 방해하는 사람이 없이 순조롭게 이루어지게 되는 좋은 뜻이 있다. | 1·2월 위험한 중에 편안함을 구하니 먼저는 곤하나 나중은 편안하리라.<br>3·4월 나를 받드는 자가 많으니 자연히 성공하리라 | 5·6월 바람이 시원하니 부채가 무슨 소용이 있겠는가.<br>7·8월 항구로 들어오는 배에 싣고 오는 금과 옥이 가득하다. | 9·10월 이른 아침 연꽃잎에 이슬이 구르니 그 빛이 아름답다.<br>11·12월 우물속에 앉아 하늘을 쳐다보니 생각이 좁도다. |
| **813**<br>임(臨)이란 글자 그대로 임박했다. 때가 왔다. 호기를 놓치지 말고 급하게 밀고 나가라는 것이다. 그러나 팔월은 흉하다는 뜻이 있으므로 칠팔 양월만 각별한 주의를 기울인다면 아무탈이 없을 것이다. | 1·2월 나가고 물러감을 스스로 하니 길흉에 염려할 바가 없다.<br>3·4월 고기가 용문에 뛰어오르니 큰 벼슬을 하리라. | 5·6월 갈길은 비록 천리나 되나 적토마를 탔으니 근심할 바가 없다.<br>7·8월 가을풀이 서리를 만났으니 어떻게 열매 맺기를 기다릴까. | 9·10월 복이 오려면 마음이 먼저 영걸스러워진다.<br>11·12월 어둠을 등지고 밝은데로 나오니 신하가 임금을 만났도다. |
| **821**<br>이 괘는 싸움터에서 승전을 하고 돌아오는 개선장군의 늠름한 모습을 나타낸 괘상이다. 그러므로 만사에 자신이 넘치고 기세가 있어 어떤 일이든 이루어지지 않는 것이 없을 것이라는 대길한 뜻을 가진 운세이다. | 1·2월 백가지 곡식이 풍족한데 모든 사람이 나로 인해 영화롭다.<br>3·4월 재수도 있고 따라서 경사도 겹치니 누군들 치하하지 않겠는가. | 5·6월 집안에 있어보았자 무익하니 외출을 하는 것이 좋다.<br>7·8월 비리로써 하는 일을 삼가하여 뜻에 두지 말라. | 9·10월 금성(金星)과 합심하면 어떤 일이든 이루리라.<br>11·12월 옛것을 버리고 새것을 쫓으니 복록이 무궁하다. |
| **822**<br>복(復)이란 환원된다. 다시 복구된다라는 뜻이 있는데 원래의 뜻은 만물이 소생할 수 있는 양기가 다 모인 상태를 말한다. 그러므로 한번 사업에 실패했던 사람이나 결혼에 실패했던 사람이나 결혼에 실패하여 재혼하는 사람에게 이괘가 나오면 정말 좋다. | 1·2월 모래를 일어 금이 나오니 만사가 형통하리라.<br>3·4월 뒷동산 잣나무가 벌써 성장하여 씨앗을 열었구나. | 5·6월 제비가 떼를 지어 노래하니 그 소리가 재미롭구나.<br>7·8월 땅을 파서 금을 보니 노력한 바가 나타나게 된다. | 9·10월 비바람이 순순히 부니 오곡이 무럭무럭 자란다.<br>11·12월 꾀꼬리가 낮은데서 높은데로 옮기니 상승하는 운세로다. |
| **823**<br>고진감래란 고생끝에 낙이 돌아온다는 뜻을 가진 말인데 바로 이 괘가 그러한 뜻을 가진 괘상으로 타향에 나가 모진 고생 끝에 성공을 해서 금의 환향하는 격으로 대단히 길한 뜻을 가지고 있으므로 어떤 일을 해도 막힘이 없을 것이다. | 1·2월 뜬구름이 햇빛을 가리니 그 빛을 발하지 못하는도다.<br>3·4월 남의 일에 간섭하지 말라. 관재구설이 있으리라. | 5·6월 남쪽으로 이주하면 자연히 귀인이 나타나리라.<br>7·8월 두사람이 한마음으로 먹으니 공로가 더욱 높더라. | 9·10월 담쟁이 넝쿨이 담위를 오르니 어렵던 일이 서서히 풀린다.<br>11·12월 덕이 높을진대 어찌 사람이 나를 해롭게 하겠는가 |
| **831**<br>이 괘는 글자 그대로 겸양 유덕하고 인사성만 밝으면 모든 사람들의 힘에 의해서 만사가 스스로 이루어진다는 뜻을 가지고 있는 좋은 괘상이다. 그러나 남성은 여자가 많이 따른다는 뜻이 있으므로 여자 피하기를 화살 피하듯이 하라고 교훈을 함축시킨 괘이다. | 1·2월 돌을 갈아 옥이 나오니 만사가 크게 이루어지리라.<br>3·4월 동남 양쪽으로 나아가면 대단히 길할 것이다. | 5·6월 지위와 재산이 향상됐으니 일신이 편안하다.<br>7·8월 태양이 중천에 높이 떠있으니 만상이 다 밝도다. | 9·10월 옛것을 버리고 새것을 쫓으니 호운이 장래에 오리라.<br>11·12월 꽃이 피었으나 멀잖아 열매를 맺을 것. 조급히 생각말라. |
| **832**<br>이 괘는 우연히 횡재를 하게 되고 또 우연히 귀인이 나와서 나를 도와준다는 좋은 괘상이다. 그러므로 젊은 남녀들은 우연히 만났다가 결혼으로 골인하게 되고 남자는 또한 여난도 뒤따르게 되니 특별히 조심할 것이다. | 1·2월 하늘에서 복이 내리니 그것은 조상의 음덕이라.<br>3·4월 장맛비에 초목이 울창하니 그빛이 마냥 파릇하기만 하다. | 5·6월 이름을 이루고 이득을 얻으니 축하하는 사람으로 문안이 꽉찬다.<br>7·8월 의외로 기쁜 일이 오늘 있을줄 누가 알았겠는가. | 9·10월 자손에 경사가 있고 기운이 점점 흥왕해진다.<br>11·12월 양곡이 옥을 다듬으니 그 아름다움이 배가하리라. |
| **833**<br>이 괘는 움직이면 패하고 현재의 위치를 그대로 고수하면 오히려 길하다는 뜻을 가지고 있는데, 문인 학자에게 이 괘가 나오면 학문적인 지대한 발전이 온다는 대길한 수나 관리나 상인에게는 무해 무득한 괘상이므로 자기의 본분만 지키면 오히려 좋은 운세. | 1·2월 해와 달이 뜨고 지는 자연의 원리를 되새겨볼 때.<br>3·4월 돌을 깨서 금옥을 보니 이 득이 막대하리라. | 5·6월 한번 놀랄 수가 있으나 헛된 것이니 걱정을 말라.<br>7·8월 은혜가 오히려 원수로 대인관계에 조심할 것. | 9·10월 새가 그 사는 둥우리를 태웠으니 슬픔이 있으리라.<br>11·12월 자식에겐 근심이 있기 쉬우니 미리 예방하라. |

| | | | |
|---|---|---|---|
| **841**<br>잘되어 나가다가 말한번 실수로 모든 것을 그르치는 괘. 이 괘는 입다물기를 돌부처같이 해야만이 모든 재앙과 흉함이 일어나지 않지 그렇지 않고 자기의 분수를 모르고 날뛰다가는 크고 다친다는 뜻이 있으므로 항상 덕을 쌓자. | **1·2월** 말만 앞세우고 실천을 못하니 일의 실마리가 없다.<br>**3·4월** 일을 꾀하고자 함은 오히려 불리하니 허송세월함이 낫다. | **5·6월** 산과 강을 건너야 할텐데 벌써 날이 저물었구나.<br>**7·8월** 들어와도 곤란하고 나가봐도 이익이 없구나. | **9·10월** 좋은 운세가 전개되니 점점 길해지리라.<br>**11·12월** 차조심·불조심만 하면 무사히 지낼 수 있다. |
| **842**<br>이 괘가 일단 정지하라, 멈춰라. 나중을 위해서 쉬어라, 멀리 뛰려면 뒤에서부터, 또는 작전상 후퇴하라는 뜻이 있으므로 불운이라고 탄식말고 장래에 크나큰 성공을 약속하는 괘상이니 안심하고 수도하는 성심으로 노력만 할 것. | **1·2월** 봉황새가 닭무리에 들어왔으니 상하를 가리기 어렵도다.<br>**3·4월** 도원(桃源)에 자취를 감추니 재앙이 침범치 못한다. | **5·6월** 말이 온갖 즐거움을 만난 격이니 기쁨이 가득.<br>**7·8월** 말을 타고 홍진을 내달리니 남아가 뜻을 얻었구나. | **9·10월** 연못에 물이 말랐으니 때를 기다려야 한다.<br>**11·12월** 고기와 용이 함께 노니나 그 고하(高下)는 다르다. |
| **843**<br>이 괘는 대수(大首)라는 뜻이 있다. 대수라는 것도 크다, 높다, 대단하다 라는 뜻이므로 친구가 모여도 좋은 친구가 모이고 모든 상대하는 사람마다 대인을 만나게 되므로 마침내는 큰 덕을 보게 된다는 운세이다. 또 절대로 악인과 소인은 멀리해야 된다. | **1·2월** 나는 기러기가 갈대를 물고서 어둠을 등지고 밝은데로 향한다.<br>**3·4월** 먼저는 어려움이 있겠으나 반드시 태평해진다. | **5·6월** 금실이 좋으니 하늘에서 스스로 도우리라.<br>**7·8월** 문장이 뱃속에 꽉차있으나 나타날 때가 아니다. | **9·10월** 목전의 작은 이익을 탐하지 말라. 후회하게 된다.<br>**11·12월** 임금과 신하가 서로 만났으니 연석에 취흥이 도도하다. |
| **851**<br>이 괘는 천년성이 허물어져 황토로 돌아갔다. 공든 탑이 무너졌다 라는 뜻을 가지고 있다. 그러므로 늙은 부모가 있는 사람은 상을 입기 쉽고 그것이 아니더라도 매사에 노력과 정력만 쏟았지 이루어지는 일은 별로 없다는 좋지 못한 운세이다. | **1·2월** 이정표 없는 길에 신을 둘러 메고 어디로 가는고.<br>**3·4월** 힘은 능히 산을 뽑을 수 있으나 어디까지나 인간은 인간이다. | **5·6월** 겨울엔 여름 옷을 입고 여름엔 겨울옷을 입으니 불균형.<br>**7·8월** 사방중에 서북간이 제일 좋은곳이니 그리 알라. | **9·10월** 마음이 뜬구름 같으니 백가지중에 하나도 못이룬다.<br>**11·12월** 길운이 돌아왔으니 너무 걱정할 것이 없다. |
| **852**<br>이 괘는 아직 좀더 때를 기다려라. 조급히 굴지말라는 뜻이 있다. 그렇다고 해서 실력이 모자란다는게 아니라 때가 아직 오지를 않아 세상 사람들이 알아주지를 않았다는 말이다. 그러므로 신선이 산에도 도를 닦는다는 말로 표현한 것이다. | **1·2월** 질병이 오기 쉬우니 건강에 조심할 것.<br>**3·4월** 용이 맑은 물속에 숨어 있으니 대기만성 하리라. | **5·6월** 우연히 만난 사람이 나중에 나를 이끌어 주리라.<br>**7·8월** 호랑이가 늙었다고 여우가 다담비는 형상. | **9·10월** 덕을 쌓고 은혜를 베풀면 복록이 무한하리라.<br>**11·12월** 매사에 찬찬하라. 그리고 계획대로 하라. 그러면 길하리라. |
| **853**<br>이 괘는 탐타일두미 실각반년량(貪他一斗米 失却半年糧)이라 하니 즉 남의 쌀 한말을 탐내다 내가 먹을 반년치 양식을 잃는 격이란 뜻이 있다. 따라서 절대로 비리를 행하면 안되며 오히려 관재 구설이나 많은 비방 불리를 초래할 뜻이 있으므로 주의해야 한다. | **1·2월** 밤길을 가다 횃불을 잃었으니 사방이 캄캄하다.<br>**3·4월** 뜻한 바 있어 일을 꾀하지만 능력이 부족해서 거두지 못한다. | **5·6월** 원앙이 서로 지저귀는 까닭에 사랑이 오고 감이다.<br>**7·8월** 깊은산 골짜기에 길을 가르쳐줄 사람 누군가. | **9·10월** 욕심만 부리지 않으면 작은 이득을 보리라.<br>**11·12월** 험한 길을 지났으니 이제는 아스팔트 길이구나. |
| **861**<br>이 괘는 두가지 뜻을 겸해 가지고 있다. 이 두 가지란 군자에게 대길하지만 소인에겐 불리하다는 뜻이 있다는 말이다. 그러므로 궁지에 빠진 사람을 남몰래 구해 준다든가 하루에 한가지라도 착한 일을 하는 사람에겐 대길한 작용을 하게 된다. | **1·2월** 두손에 떡을 잡았으니 어느쪽 것을 먼저 먹을까.<br>**3·4월** 연못에 있던 고기가 바다로 나가니 지느러미가 힘차다. | **5·6월** 비가 왔다 개었다 도무지 하늘 뜻을 모르겠다.<br>**7·8월** 넓은 들에 오곡이 무르익었으니 풍년이로다. | **9·10월** 하늘 한가운데 달빛이 교교한데 그누가 혼자 거닐고 있네.<br>**11·12월** 소비 지출이 많겠다. 적당히 절약함이 좋겠다. |
| **862**<br>이 괘는 여자에게 특히 좋은 괘이다. 황상 원길(黃常 元吉)이라 해서 자기가 큰 이익을 보지 않으면 남편이 출세를 하게 되며 자손에게도 경사가 있다. 젊은 여자는 결혼하게 되고 관리는 영전하며 상인은 이득을 보며 학자는 소망을 이루게 된다. | **1·2월** 이름이 공문(公門)에 걸렸으니 관록이 장차 다다르리라.<br>**3·4월** 정원 뜰에 난초가 푸르리니 이것이 곧 자식의 경사로다. | **5·6월** 좋은 새는 나무를 가려앉고 현명한 선비는 벗을 가린다.<br>**7·8월** 큰 일만 꾸미지 말라. 그러면 평안하리라. | **9·10월** 타인을 받아들이지 말라. 그로 인해 풍파가 일어난다.<br>**11·12월** 바닷속에 들어가 구슬을 얻었으니 기쁜 일이 있으리라. |
| **863**<br>이 괘는 드넓은 대지에 봄빛이 찾아와 어둡고 춥던 지난 모든 것을 헤쏘시키고 노고지리 우짖는 희망찬 봄날을 연상하는 대길한 괘상이다. 농부는 씨앗을 뿌려 풍년을 기약하고 젊은 남녀는 결혼을 하여 부귀다남하게 된다는, 말할 수 없이 좋은 운세이다. | **1·2월** 쌓인 눈이 녹았으니 꽃필 날이 머지 않았구나.<br>**3·4월** 목마른 용이 물을 구했으니 그 조화가 무궁하다. | **5·6월** 영험한 까치가 이른 아침에 기쁜 소식을 전한다.<br>**7·8월** 천자만홍이니 이것이 바로 백가지 꽃색이로다. | **9·10월** 금당 옆 오동잎이 벌써 가을소리를 내누나.<br>**11·12월** 새는 하늘높이 날고 대어는 바닷속 깊이 노닌다. |

memo